KONOSUBA!
GOD'S BLESSING ON THIS WONDERFUL WORLD

Darkness
Ach, der Kohl war dieses Jahr so lebendig!«
»Ich will zurück nach Japan!«
Kazuma

Aqua
Megumin
»Kann ich auch Wasser haben?«
»Der Kohl hier kann fliegen ... Hey, das war mein Fleisch!«

»Schnüff …
Das stinkt …
Ich wurde ge-
schändet!«

»Du Monster!«
»Also dann … Stehlen! … Was ist das?«
»Könntest du mir meinen Slip zurückgeben?«

»Sieh meine
Macht!«

»Oh, meine Anhänger in dieser Welt …
Aqua, die Göttin des Wassers, befiehlt euch …«
»Ich werde mich euch selbst im Kampf stellen!«

KONOSUBA! GOD'S BLESSING ON THIS WONDERFUL WORLD!

1

INHALT

KONOSUBA!
GOD'S BLESSING ON THIS WONDERFUL WORLD

Oh! Meine nutzlose Göttin!

NATSUME AKATSUKI
ILLUSTRATIONEN VON KURONE MISHIMA

TOKYOPOP

Charakter

Kazuma! Zeit für die Vorstellungen! Wir fangen mit der Hauptfigur an – mir!

Du? Du bist nicht die Haupt... Warte, wie alt bist du eigentlich?

G... Göttinnen sind alterslos, okay?

Warum hast du gezögert? Willst du mich auf den Arm nehmen?

Fragen über Fragen. Du bist doch nur so ein Hiki-Neet*. Für wen hältst du mich eigentlich?

Die Göttin der Partytricks?

Aqua

Alter Unbekannt

Job Hohepriesterin

Eine Göttin, die den jung Verstorbenen den Weg weist. In der Parallelwelt, in die sie zusammen mit Kazuma geschickt wird, wird sie von der axistischen Religion als »Göttin Aqua« verehrt ... nicht dass irgendjemand dort glauben würde, dass sie wirklich eine Gottheit ist.

Megumin

Hmpf! Jetzt bin ich dran! Mein Name ist Megumin! Stärkste Magierin des Clans des Roten Dämons und ...

Und wie ist dein richtiger Name?

Mein richtiger Name?

...

Wenn du ein Problem mit meinem Namen hast, nur raus damit!

Ich schätze, wir müssen mit Darkness weitermachen.

Hey, ignorier mich nicht!

Alter 13

Job Erzmagierin

Eine außergewöhnlich talentierte Magierin, selbst innerhalb des Clans des Roten Dämons. Sie ist besessen von dem übermächtigen Zauberspruch »Explosion« und weder fähig, andere Magie zu wirken, noch ist sie daran interessiert. Lieblingsbeschäftigung: »Explosion«. Spezielle Fähigkeit: »Explosion«. Hobby: Na los, ratet mal. (Es ist »Explosion«.)

* Mischung aus Hikikomori (Person, die sich zu Hause einschließt, weder in die Schule noch zur Arbeit geht und Kontakte außerhalb der Familie hat) und Neet (junger Mensch ohne Beruf, Ausbildung oder sonstige Beschäftigur

profile
Was ist los, Kazuma? Deine Klamotten sehen schrecklich aus!
Ja … jemand hat mich mit einer magischen Explosion erwischt.
D… Du wurdest von einer magischen Explosion getroffen? Ich bin so neidisch …
Hast du gerade »neidisch« gesagt?
Nein …
Hast du wohl. Warum bist du ganz rot?
Ähm, sicher nicht, weil ich mich zurückhalten muss, um nicht vor Aufregung zu zittern bei dem Gedanken daran, in der Öffentlichkeit in die Luft zu fliegen.
Darkness
Alter 18
Job Paladin
Eine Ritterin, deren Stärke die Verteidigung ist. Sie wirkt tough, hat aber eigentlich eine blühende Fantasie und eine schwer masochistische Ader. Sie mag es, von Monstern angegriffen zu werden, und genießt es als eine Art erotisches Spiel.
Kazuma Sato
Muss ich mich selbst vorstellen?
Besser, wenn ich das übernehme. Also gut! Zum Schluss stelle ich euch meinen Handlanger vor.
Wer ist hier ein Handlanger?! Und wieso kommt die Hauptfigur eigentlich als Letztes dran?
Handlanger …
Nein, nein! Kazuma ist mein Sklave!
S… Sklave?
Meine Party kann doch nicht so gestört sein.
Alter 16
Job Abenteurer
Ein Schüler, der sich zu Hause einschließt, liebt Anime, Manga und Videogames. An dem einen Tag, als er doch mal das Haus verlassen hat, wurde er in einem Verkehrsunfall getötet und landete zusammen mit Aqua in einer Parallelwelt.

Prolog

»Kazuma Sato … Willkommen in der Welt der Toten. Leider muss ich dir mitteilen, dass du verschieden bist. Es war ein kurzes Leben, und jetzt ist es vorbei.«

Das waren die ersten Worte, die ich hörte, nachdem ich mich in einem gleißend weißen Raum wiedergefunden hatte.

Es kam alles so plötzlich, ich hatte keine Ahnung, was los war. Es gab einen kleinen Schreibtisch und einen Stuhl – wie man sie in einem Büro finden würde. Und auf diesem Stuhl saß die Person, die mich gerade über mein Ableben informiert hatte.

Wenn es so etwas wie Götter gab, passte die Frau vor mir definitiv ins Profil. Sie war mehr als nur »niedlich« wie die Popstars im Fernsehen – kein Mensch konnte an ihre Schönheit heranreichen. Sie hatte langes Haar in einem durchschimmernden Blau, wie das Meer an einem klaren Tag. Es umfloss sie wie eine sanfte, liebliche Aura. Sie schien in meinem Alter zu sein. Ihre helllila Kleidung saß perfekt, sie war nicht zu freizügig, verbarg aber auch nicht zu viel. Sie trug einen, wie wir sagen würden, »Federmantel«, ein göttliches Gewand wie aus den alten japanischen Legenden.

Diese Schönheit starrte mich aus Augen an, die dasselbe helle Blau hatten wie ihr Haar, und blinzelte irritiert darüber, dass ich nicht verstand, was passiert war.

Ich dachte zurück an das Letzte, woran ich mich erinnern konnte.

Normalerweise verlasse ich mein Zimmer nicht. Ich gehe nicht mal mehr zur Schule. Aber heute war ich ausnahmsweise mal aus dem Haus gegangen. Ich wollte mir die limitierte Day-One-Edition eines beliebten MMO kaufen, die heute erscheinen sollte, deshalb war ich früher als sonst aufgestanden, um mir meinen Platz in der Schlange zu sichern.

Ja, ich bin das, was die Leute gern als »Hikikomori« abtun, jemand, der so extrem introvertiert ist, dass er sich von der Gesellschaft zurückgezogen hat, in völliger Isolation lebt und nie sein Zimmer verlässt. Andere nennen mich einen »MMO-Junkie«. Was auch immer. Ich hatte mein Game ergattert und war bester Laune auf dem Weg nach Hause, um es auszuprobieren. Und dann passierte es.

Vor mir lief ein Mädchen, das in ihr Handy vertieft war. Ihrer Uniform nach zu urteilen, war sie auf derselben Schule wie ich. Die Ampel wurde grün, und sie betrat den Zebrastreifen, ohne nach links oder rechts zu gucken.

Ich sah den Schatten, der über ihr aufragte. Es musste ein Lkw sein, der mit hoher Geschwindigkeit auf sie zuraste.

Bevor ich darüber nachdenken konnte, schubste ich sie aus dem Weg.

Und dann ...

Mit einer Ruhe, die mich selbst überraschte, sagte ich leise zu der wunderschönen Frau vor mir: »Darf ich eine Frage stellen?«

Sie nickte. »Natürlich.«

»Das Mädchen ... das ich aus dem Weg gestoßen habe. Ist sie am Leben?«

Das war mir sehr wichtig. Es war die erste – und letzte – coole Sache, die ich in meinem Leben getan hatte. Wenn sich heraus-

stellen sollte, dass ich zu spät gekommen war, dass ich sie nicht gerettet hatte – das wäre schrecklich gewesen.

»Klar. Aber sie hat ein gebrochenes Bein.«

Gott sei Dank! Das hieß, dass mein Tod nicht umsonst gewesen war. Ich hatte etwas Sinnvolles mit meinem Leben gemacht, wenn auch nur ganz zum Schluss ...

Das wunderschöne Mädchen legte den Kopf schräg und sah mich verwirrt an, als sie meine Erleichterung bemerkte. »Wenn du sie allerdings nicht geschubst hättest, wäre sie gar nicht erst verletzt worden.«

»Hä?«

Was hatte sie gerade gesagt?!

»Der Traktor hätte angehalten, bevor er sie getroffen hätte. Offensichtlich. Es war ein Traktor. So schnell kann der gar nicht werden. Deine dumme Heldentat war total unnötig. Pffff ... Ha ha ha!«

Sie wusste wirklich, wie man einen guten ersten Eindruck machte ... nicht!

Es wäre wahrscheinlich unhöflich, ihr eine zu langen. Aber es juckt mich in den Fingern.

Egal. Es gab eine wichtigere Frage: »Was hast du gesagt? Ein *Traktor*? Kein Lkw?«

»Ganz genau. Ein Traktor. Denkst du, das Mädchen hätte nicht bemerkt, wenn ein riesiger Lkw auf sie zugekommen wäre? Dann wäre sie aus dem Weg gesprungen.«

Hä?

»Warte, also ... bin ich gestorben, weil ich von einem Traktor überfahren wurde?«

»Nein, du bist vor Schreck gestorben. Du warst überzeugt, dass du von einem Lkw überrollt würdest, und dein Körper hat einfach aufgegeben. Ich mach das hier schon lange, aber du bist der Erste, den ich treffe, der auf so 'ne komische Art gestorben ist.«

Mir fehlten die Worte.

»Übrigens hast du dir auch in die Hose gemacht, als du dachtest, du würdest von diesem Traktor überfahren. Sie haben dich ins nächste Krankenhaus gebracht, und alle Ärzte und Krankenpfleger meinten nur: ›Waaas? Was für 'n Loser! LOL‹ Du bist an einem Herzinfarkt gestorben, ohne noch mal zu dir zu ko…«

Ich hielt mir die Ohren zu. »Aufhören! Bitte nicht! Ich will's nicht hören. Ich muss nicht hören, wie armselig das war.«

Mit einem Grinsen kam sie näher und flüsterte in mein Ohr: »Deine Familie ist gerade im Krankenhaus eingetroffen, aber bevor sie trauern konnten, haben sie die Todesursache erfahren und sind in Gelächter ausge…«

»Aufhören! Aufhören! Das denkst du dir doch aus, oder? Niemand ist je auf so armselige Weise gestorben!«

Sie stand über mir und kicherte, während ich auf dem Boden kniete und mein Gesicht in den Händen vergrub.

»Okay, ich glaub, ich hab für heute genug Dampf abgelassen. Freut mich, dich kennenzulernen, Kazuma Sato. Ich heiße Aqua. Ich weise jenen, die in Japan jung gestorben sind, den Weg. Also dann. Egal wie unterhaltsam die Umstände deines Dahinscheidens auch gewesen sein mögen, du hast zwei Möglichkeiten.«

Dieses verdammte Weib!

Okay, vergiss es. Ich musste das ruhen lassen, sonst würden wir nie weiterkommen.

»Option eins: Du wirst als Säugling wiedergeboren und fängst ein komplett neues Leben an. Oder Option zwei: Leb wie ein alter Sack an einem himmlischen Ort.«

Eine echte Lose-lose-Situation.

»Moment … Was soll das heißen, ›himmlischer Ort‹? Und was soll überhaupt ›leben wie ein alter Sack‹ bedeuten?«

»Ganz ehrlich, der Himmel ist gar nicht so toll, wie ihr Menschen euch das vorstellt. Die Toten müssen nichts essen, und daher wird im Jenseits auch nichts produziert – selbst wenn du also was kochen wollen würdest, gäbe es keine Zutaten. Tut mir leid, dich zu enttäuschen, aber der Himmel ist wirklich total langweilig. Kein Fernsehen, keine Manga, keine Videogames. Nur ein Haufen toter Leute. Und da du tot bist, kannst du nicht mal mit jemandem rummachen! Ich mein, schließlich hast du ja keinen Körper, stimmt's? Da sind nur du und ein Haufen Geister, die bis in alle Ewigkeit in der Sonne liegen und Small Talk halten.«

Was? Kein Paradies? Keine Videogames? Das ist nicht der Himmel. Das ist die Hölle!

Ich könnte als Säugling von vorne anfangen …

Moment … Sind das wirklich meine einzigen Optionen?

Ich war sichtlich niedergeschlagen, doch die Göttin schenkte mir ein breites Lächeln. »Du hast recht. Wer will schon an einen langweiligen Ort wie den Himmel? Und wiedergeboren zu werden, ist auch nicht so der Kracher. Du verlierst all deine Erinnerungen, was im Grunde dasselbe ist, als würde man sagen, dass *du*, Kazuma Sato, aufhörst zu existieren. Aber! Ich habe ein Angebot für dich …«

Ich konnte praktisch riechen, dass da was faul war.

Sie sah mir mein Misstrauen wohl an, doch Aqua grinste nur noch breiter. »Du magst doch Videogames, stimmt's?«

Und dann präsentierte sie stolz ihr großartiges Angebot oder was auch immer.

Zusammengefasst lautete es folgendermaßen: Es gibt eine andere Welt, die sich von unserer unterscheidet, und in der lebt ein Wesen, das man den Dämonenkönig nennt. Die Invasion der Armee dieses Dämonenkönigs bedroht diese Welt. Es ist ein Ort voller Magie und Monster – in anderen Worten: ein Fantasy-Setting ziemlich ähnlich dem von beliebten Games wie *Dragon Hunter* oder *MonsterQuest*.

»Also, die Leute, die in dieser Welt sterben ... Na ja, weißt du, ein Großteil von ihnen wurde vom Dämonenkönig getötet, okay? Und das wollen sie nicht noch mal durchmachen. Deshalb weigern sich die meisten von ihnen, wiedergeboren zu werden. Das heißt, dort werden immer weniger Babys geboren, und irgendwann wird die Menschheit in dieser Welt vernichtet sein. Also dachten wir ... warum schicken wir nicht Leute, die in einer anderen Welt getötet wurden, in diese bedrohte Welt?«

Ich will mir gar nicht vorstellen, wie viel Ärger so eine Einwanderungspolitik macht.

»Und wir haben uns überlegt, wenn wir schon jemanden da hinschicken, sollte es jemand sein, der jung gestorben ist, ein unbeschriebenes Blatt. Wir schicken sie mit unversehrtem Körper und all ihren Erinnerungen los. Und da es nix bringt, jemanden hinzuschicken, nur damit er gleich *wieder* getötet wird, haben wir außerdem entschieden, dass sie eine Sache mitnehmen dürfen, egal was. Eine wahnsinnige Spezialfähigkeit oder ein unglaubliches Talent ... Manche Leute wählen eine legendäre Waffe ... Na, wie sieht's aus? Du bekommst eine zweite Chance in einer neuen Welt, und sie bekommen einen kampfbereiten Helden, der ihnen zu Hilfe kommt. Was denkst du? Gar nicht schlecht, oder?«

Es war *wirklich* gar nicht schlecht.

Ich spürte Begeisterung aufkommen. Ich mochte Videogames, aber ich hätte nie gedacht, dass sich mal die Chance ergeben würde, in einer solchen Welt zu leben.

Aber eins nach dem anderen …

»Ähm, nur so 'ne Frage, aber … was ist mit der Sprache in dieser neuen Welt? Kann ich sie sprechen?«

»Keine Sorge. Dank der freundlichen Unterstützung von uns Gottheiten wird die Sprache direkt in dein Gehirn geladen, wenn du die Grenze überschreitest, sodass du sie augenblicklich lernst. Natürlich wirst du sie auch schreiben können. Es gibt nur eine geringe Chance, dass es zu einer Überlastung kommt und du einfach *Puff* machst, wenn du Pech hast. Also! Jetzt musst du nur noch deine fantastische Fähigkeit oder Ausrüstung wählen.«

»Halt, halt, halt, halt, halt! Hast du gerade gesagt, ich könnte *Puff* machen?«

»Nein, hab ich nicht.«

»Hast du wohl.«

Obwohl sie eine Göttin war, redete ich ganz direkt mit ihr. Die Angst, die ich wenige Minuten zuvor empfunden hatte, war verflogen.

Ich musste zugeben, es war ein verlockendes Angebot. Ja, ich hatte Angst, dass ich *Puff* machen könnte, aber (ohne angeben zu wollen) Glück war immer eine meiner Stärken gewesen, also ging ich davon aus, dass es schon gutgehen würde.

Aqua hielt mir eine Art Katalog vor die Nase. »Such dir was aus. Irgendwas. Ich werde dir unvergleichliche Macht verleihen. Hier. Das hier ist eine fantastische Spezialfähigkeit. Das hier ist ein legendäres Schwert. Komm schon, egal was. Sag einfach, was du willst, und du kannst es mit in deine neue Heimat nehmen.«

Ich nahm den Katalog und blätterte durch die Seiten. Alles war mit Namen aufgelistet: »Superstärke«, »Tiefenmagie«, »das Heilige Schwert Arondight«, »Murasama die Dämonenklinge«.

Schon klar, sie wollten, dass ich mir eine Kraft oder einen Gegenstand aus diesem Katalog aussuchte. Aber, oh Mann ... wie sollte ich mich da je entscheiden?

Vielleicht war es mein Gamer-Instinkt, aber irgendwie fühlte sich das alles total falsch an.

Was nehm ich nur, was nehm ich nur? Tja, wenn es dort Magie gab, musste ich das natürlich ausprobieren! Also vielleicht eine Fähigkeit, die die Anwendung von Magie beinhaltete ...

»Komm schon, beeil dich! Es ist sowieso egal, was du nimmst. Niemand erwartet was von einem Hikikomori-Videogame-Nerd, also nimm einfach irgendwas und dann verschwinde! Komm schon – wir haben nicht ewig Zeit!«

»I... Ich bin kein Nerd! Und ich bin draußen gestorben, also bin ich auch kein Hikikomori.« Meine Antwort war leise, und meine Stimme zitterte.

Aqua, die mit ihrem Haar spielte, antwortete komplett desinteressiert: »Hör zu, ist mir egal. Denkst du, du bist der einzige Tote, den ich heute ins Jenseits befördern muss? Mach hinne!« Sie lehnte sich in ihrem Sessel zurück und sah mich nicht mal an, während sie sprach. Sie schob sich irgendeinen Snack in den Mund.

Dieses Mädchen! Da trifft sie jemanden zum ersten Mal, und was macht sie? Sie macht sich darüber lustig, wie er gestorben ist! Sie denkt, sie kann machen, was sie will, nur weil sie irgendwie niedlich ist ...

Natürlich ging mir ihre Art ziemlich auf die Nerven. Sie wollte also, dass ich mich beeilte und eine Entscheidung traf? Schön, sollte sie haben.

Alles, was ich mitnehmen wollte, richtig?

»Dann nehme ich dich mit.« Ich zeigte auf Aqua.

Aqua sah mich teilnahmslos an und steckte sich noch einen

Snack in den Mund. »Hmm. In Ordnung! Bitte stell dich in den magischen Kreis …«

Plötzlich unterbrach sie sich. »H… Hä?! Was hast du gesagt?«

In diesem Moment …

»Der Wunsch sei dir gewährt. Göttin Aqua … Eure Arbeit werde in Zukunft ich übernehmen.«

Aus dem Nichts erschien eine geflügelte Frau in einem grellen Lichtblitz. Sie sah aus wie eine Art Engel.

»Was?«, sagte Aqua dümmlich. Ein blauer magischer Kreis erschien zu ihren Füßen – und zu meinen.

Ohh, coole Effekte! Waren wir wirklich auf dem Weg in eine andere Welt?

»Halt – was?! D… Das soll doch wohl ein Witz sein! Das zählt doch nicht, oder? Das kann nicht zählen! Halt! Warteee!« Sie wedelte verzweifelt mit den Armen, und Tränen strömten über ihr Gesicht.

»Gute Reise, Gebieterin«, sagte der Engel zu ihr. »Überlasst alles mir. Wenn es Euch gelingen sollte, den Dämonenkönig zu besiegen, schicke ich jemanden, um Euch zurückzuholen. Bis dahin gestattet mir, Eure Pflichten zu übernehmen.«

»Halt! Ernsthaft, warte! Ich bin eine Göttin! Ich kann Menschen heilen, aber ich kann nicht kämpfen. Wie soll ich den Dämonenkönig besiegen?«

Der Engel warf einen flüchtigen Blick zu Aqua, die sich schluchzend auf den Boden geworfen hatte, dann lächelte sie mich gütig an. »Kazuma Sato, ich werde dich jetzt als Kandidat für den Helden, der den Dämonenkönig besiegen wird, in deine neue Welt schicken. Wenn dir das gelingen sollte, wirst du ein Geschenk von den Göttern erhalten.«

»Ein Geschenk?«, fragte ich.

»Ja, eines, das dem Wert einer geretteten Welt entspricht. Die Götter werden dir einen Wunsch erfüllen, was immer es ist.«

»Cool!«

Wenn ich diese neue Welt irgendwann satthaben sollte, könnte ich sie zum Beispiel bitten, mich nach Japan zurückzuschicken …

Ich könnte sie bitten, mich steinreich und umgeben von wunderschönen Frauen nach Japan zurückzuschicken, wo ich den Rest meines Lebens damit verbringen würde, Videogames zu zocken! Wie dekadent konnte so ein Wunsch eigentlich werden?

»Hey, warte! Cooler Spruch – aber das sollten eigentlich meiner sein!« Das war wieder Aqua, die den Verlust ihres Jobs an diesen Engel, der aus dem Nichts aufgetaucht war, beklagte.

Um ehrlich zu sein, genoss ich es ganz schön, sie so zu sehen. Ich deutete auf Aqua. »Na, wie fühlt es sich an, von dem Typen, über den du dich gerade lustig gemacht hast, in eine andere Welt geschleift zu werden? Du bist die eine Sache, die ich mitnehme – also nutz lieber deine Göttinnenkräfte, um mein Leben so angenehm wie möglich zu machen!«

»Neiiiin, bitte! Zwing mich nicht, mit so einem Kerl in eine neue Welt zu gehen!«

»Held! Ich bete für deinen Erfolg als einer von vielen Kandidaten, die den Dämonenkönig zu Fall bringen sollen. Und jetzt – hinfort mit dir!«

Die feierliche Beschwörung des Engels wurde nur unterbrochen von Aquas Gejammer: »Neiiiiin! Das ist *auch* mein Teeeeext!«

Dann wurden die immer noch heulende Aqua und ich von einem gleißend weißen Licht eingehüllt …

Kapitel 1

Auf dass ich mit dieser selbst ernannten Göttin in eine andere Welt gehe!

1

Pferdekutschen zuckelten über das Kopfsteinpflaster einer Stadt.

»Das … das ist ein Paralleluniversum. Sieh dich um! Wir sind echt in einer anderen Welt! Bin ich wirklich hier? Werde ich wirklich Magie lernen und Abenteuer erleben?« Ich nahm die Szenerie in mich auf und zitterte vor Aufregung.

Backsteinbauten standen Traufe an Traufe wie in einer Szene aus dem mittelalterlichen Europa. Es gab keine Autos oder Motorräder, keine Strommasten, keine Handymasten.

»Oh Mann! Ohhh Mann! Ohmannohmannohmann!« Mein Blick huschte umher, während ich die Leute beobachtete, die an uns vorbeigingen. »Der hat echte Tierohren! Und da ist eine Elfe! Eine echte Elfe! Sie muss eine Elfe sein – sie ist so wunderschön! Mach's gut, modernes Einsiedlerleben! Hallo, Fantasy-Welt! Also, an so einem Ort kann ich mir tatsächlich vorstellen, rauszugehen … einen Job zu haben und kein Neet mehr zu sein …«

»Määäääääääh! Määäääääääääääh! Määääääääääääääääääääh!«

Ich sah zu Aqua, die neben mir kniete und das Gesicht in den Händen vergraben hatte.

»Hey, nicht so laut. Was glaubst du, was passiert, wenn alle denken, dass ich mit 'ner Verrückten unterwegs bin? Und überhaupt, solltest du mir jetzt nicht langsam mal was geben? Ich mein, guck dir doch an, was ich anhabe. Ich trage einen Trainingsanzug! In einer Fantasy-Welt! Wenn das hier ein Game wäre, würde ich wenigstens irgendeine Art Grundausrüstung bekommen.«

»Määääääääääääääääääääääääääääääääääääää-ääääääähhhh!«

Die Göttin fiel mir um den Hals, während sie heulte.

»Woah! Was machst du da?! Hör auf damit! Ich kümmere mich selbst um die Grundausrüstung. Ich mein … tut mir leid! Wenn du es hier so hasst … dann geh doch einfach wieder zurück. Ich komm schon irgendwie zurecht.«

Meine Hände berührten Aquas, als ich versuchte, mich von ihr zu befreien. Überrascht musste ich feststellen, dass sie zitterten.

»Was redest du da?!« Sie weinte, hielt sich den Kopf und tänzelte vor und zurück. »Ich *kann* nicht zurück – das ist das Problem! Was soll ich nur tun? Argh, sag schon! Was soll ich denn jetzt machen?!«

Sie schüttelte ihre hüftlangen Haare, und ich erkannte, dass sie eine echte Schönheit gewesen wäre, wenn sie nur endlich die Klappe halten würde … aber im Moment wirkte sie einfach nur wie eine Diva. Um ehrlich zu sein, konnte ich sie kaum ansehen.

»Hey, Göttin, beruhig dich. In so einem Fall muss man das Gasthaus finden. Da fängt man an und sammelt Informationen. So funktionieren alle Rollenspiele.«

»Wa…? Ich dachte, du wärst so ein Videogame-Nerd, der nie vor die Tür geht. Wann bist du so zuverlässig geworden? Und übrigens, Kazuma, mein Name ist Aqua. Es ist ja süß von dir, dass du mich ›Göttin‹ nennst, aber während wir hier sind, solltest du besser meinen Namen benutzen. Wenn die Leute erfahren, wer ich wirklich bin, erregen wir vielleicht zu viel Aufmerksamkeit, und wie sollen wir dann an den Dämonenkönig rankommen? Das hier mag eine andere Welt sein, aber ich werde hier trotzdem verehrt.«

Mit diesen Worten trottete Aqua hinter mir her. Ich für meinen Teil fühlte mich ziemlich selbstbewusst.

Es musste eine Gruppe von Abenteurern geben, die sich dem Dämonenkönig entgegenstellte, oder eine Abenteurer-Gilde, die sich um die Monsterbekämpfung kümmerte, oder irgendetwas in der Art.

Wenn ich so drüber nachdenke – Aqua ist eine Göttin. Warum frag ich nicht einfach sie?

»Aqua, gibt es eine Abenteurer-Gilde? Weißt du, wo wir sie finden können?«, fragte ich, aber sie starrte mich nur ausdruckslos an.

»Wie? Woher soll ich das wissen? Ich weiß nur das absolut Nötigste über diese Welt und nicht jede Kleinigkeit über ihre Städte. Denk doch mal nach – das hier ist nur eine von unzähligen Welten, und diese Stadt ist nur eine von vielen auf dieser Welt. Warum sollte ich *irgendwas* darüber wissen?«

Dieses Mädchen ist total nutzlos!

Diese Unterhaltung brachte uns nicht weiter, also hielt ich auf der Straße eine Frau mittleren Alters an. Das war besser, als einen Typen zu fragen, der vielleicht Ärger hätte bedeuten können, oder ein Mädchen – durch meine Nervosität wäre der Schwierigkeitsgrad *dieser* »Quest« durch die Decke geschossen.

»Entschuldigen Sie bitte. Kann ich Sie was fragen? Gibt es hier so was wie eine Abenteurer-Gilde?«

»Eine Gilde? Ja, weißt du das denn nicht? Du musst neu hier sein.«

Ich entspannte mich bei ihren Worten, da ich jetzt wusste, dass es irgendwo eine Gilde geben musste. »Ja, wir kommen von ziemlich weit weg. Wir sind gerade erst angekommen.«

»Meine Güte ... wenn ihr in diese Stadt gekommen seid, wollt ihr wohl Abenteurer werden. Willkommen in Axel, der Stadt für neue Abenteurer. Wenn ihr diese Straße runtergeht und dann rechts abbiegt, seht ihr das Schild schon.«

»Geradeaus und dann rechts. Vielen Dank ... Okay, dann machen wir uns mal auf den Weg.«

Die Stadt der neuen Abenteurer also. *Eine Anfängerstadt.* Der ideale Ausgangspunkt für kürzlich verstorbene Neuankömmlinge aus einer anderen Welt.

Nachdem ich der Frau gedankt hatte und der Straße folgte, die sie mir gewiesen hatte, konnte ich spüren, wie Aqua mich mit neuem Respekt betrachtete, während sie hinter mir herrannte.

»Hey«, meinte sie eine Spur erstaunt, »wie hast du dir diese Geschichte so schnell aus dem Ärmel geschüttelt? Du scheinst gar nicht so unfähig zu sein. Warum warst du dann ein Nerd-Einsiedler, der nie eine Freundin oder überhaupt irgendwelche Freunde hatte? Warum hast du als Hiki-Neet gelebt?«

»Keine Freunde oder eine Freundin zu haben, ist nicht unbedingt was Schlechtes. Man kann Leute nicht danach bewerten, wie viele Freunde sie haben oder ob sie in einer Beziehung sind. Und nenn mich nicht Hiki-Neet, du Miststück! Außerdem kannst du nicht einfach behaupten, dass alle Hikikomori auch Neets sind. Ich war erst sechzehn. Da kann die Gesellschaft doch noch nicht von mir erwarten, dass ich schon Teil der Arbeitswelt bin ... Ah, da ist es ja.«

Aqua machte Anstalten, mich bei dem Wort »Miststück« zu erwürgen, aber ich ignorierte sie einfach und betrat die Abenteurer-Gilde.

– Die Abenteurer-Gilde –

In jedem Videogame gibt es eine Abenteurer-Gilde. Das ist eine Organisation, die Abenteurern hilft, Arbeit zu finden, und sie anderweitig unterstützt. Im Grunde genommen ist es die Fantasy-Version des Arbeitsamts.

Die Gilde hatte ihren Sitz in einem ziemlich großen Gebäude, und aus dem Inneren drang der Geruch von Essen. Zweifellos würden da zwielichtige Gestalten herumlungern, die ohne mit der Wimper zu zucken Neulinge überfallen würden.

Bevor ich eintrat, bereitete ich mich auf einen Kampf vor ...

... und wurde von einer Kellnerin mit kurzem rotem Haar begrüßt, die in einem lieblichen Tonfall sagte: »Oh, willkommen! Wenn ihr nach Arbeit sucht, geht zum Schalter drinnen. Wenn ihr was essen wollt, sucht euch einen freien Tisch.«

Der schummrig beleuchtete Raum schien eine Gaststube zu sein. Leute in Rüstung liefen herum, aber niemand schien auf Ärger aus zu sein. Trotzdem schienen wir eine Menge Aufmerksamkeit zu erregen. Anfangs dachte ich, dass vielleicht nicht viele Neulinge herkamen.

Dann dämmerte es mir.

»Hey, mir gefällt nicht, wie die mich ansehen«, meinte Aqua. »Ich weiß! Es ist die Aura einer Göttin, die ich ausstrahle – sie wissen, wer ich wirklich bin!«

Jeder musterte die Göttin neben mir und gab dumme Kommentare ab. Es ergab Sinn, dass sie Aufsehen erregte. Immerhin wäre sie eine echte Schönheit gewesen, wenn sie nur die Klappe gehalten hätte.

Ich beschloss, die Blicke zu ignorieren und mich meinem eigentlichen Ziel zuzuwenden. »Hör zu, Aqua. Sobald wir uns registriert haben, wird die Gilde uns eine Einführung geben, um uns zu erklären, wie wir als neue Abenteurer überleben können. Sie sollten uns genug Geld geben, um auf ein Abenteuer zu gehen, und uns Arbeit beschaffen, damit wir was zu essen haben, obwohl wir gerade erst anfangen. Vielleicht sagen sie uns auch, welches die besten Herbergen sind. Die meisten Games fangen so an. Normalerweise würde ich sagen, dass es deine Aufgabe ist, sicherzustellen, dass wir alles Nötige zum Leben in dieser Welt haben, aber ... Vergiss es. Für heute registrieren wir uns erst mal, stellen sicher, dass wir genug Geld für eine Grundausrüstung haben, und finden einen Platz zum Schlafen.«

»Ich weiß nicht, wovon du redest. *Meine* Aufgabe ist es, tote Menschen in diese Welt zu schicken. Aber okay. Ich weiß nichts über Videogames, aber so wie ich es verstehe, fängt man in so einer Welt so an, ja? Ich muss mich einfach nur als Abenteurer registrieren lassen, richtig?«

»Ganz genau. Also los!« Ich zog Aqua mit mir zum Schalter.

Es gab vier Rezeptionisten. Zwei davon waren Frauen. Ich ging zur hübscheren der beiden.

»Hey, bei den anderen dreien hätten wir nicht in der Schlange warten müssen«, protestierte Aqua hinter mir. »Warum hast du die hier genommen? Warte, ich weiß schon. Weil sie die Hübscheste ist, richtig? Ts, und da dachte ich grade, dass ich mich auf dich verlassen könnte ...«

Die hat ja keine Ahnung. Ich drehte mich zu ihr um und flüsterte: »Lektion eins, stell dich gut mit dem Mädchen von der Gilde. Lektion zwei, die Hübschen haben immer eine Hintergrundgeschichte. Da wartet bestimmt ein Bonusevent. Irgendwann finden wir raus, dass das Mädchen früher mal eine berühmte Jägerin war oder so was.«

»Wenn ich drüber nachdenke, so was habe ich auch schon mal in Manga gesehen. Tut mir leid, ich stell mich einfach hier mit an.«

Die Rezeptionisten an den freien Schaltern funkelten uns böse an, weil wir uns absichtlich an diesem hier anstellten, aber ich ignorierte sie.

Endlich waren wir dran.

»Hallo, wie kann ich Ihnen behilflich sein?« Die Empfangsdame schien sehr nett zu sein und auf jeden Fall sehr hübsch. Mit ihrem welligen Haar und dem üppigen Busen wirkte sie sehr erwachsen.

»Ähm, wir wollen Abenteurer werden, aber wir sind gerade erst vom Land in die Stadt gekommen und haben keine Ahnung, wie wir das anfangen sollen ...«

Wenn ich vorgab, dass wir vom Arsch der Heide kamen, würde die Empfangsdame wahrscheinlich die Initiative ergreifen und uns sagen, was wir wissen mussten.

»Verstehe ... Also, erst mal fällt eine Anmeldegebühr an. Das ist doch kein Problem?«

Na bitte. Eine Einführung, einfach so. Jetzt mussten wir nur noch tun, was sie gesagt hatte, und ...

Eine Anmeldegebühr?

»Hey, Aqua, hast du Kohle?«

»Was denkst du denn? Als hätte ich die Zeit gehabt, mir mein Portemonnaie zu greifen, als du mich hierhergeschleppt hast!«

Was sollten wir tun? Vielleicht könnten wir einen Anfängerkredit aufnehmen oder die Gebühr später bezahlen?

Aqua und ich traten vom Schalter weg, um uns zu beraten.

»Was machen wir jetzt? Wir sind gerade mal seit fünf Minuten hier, und schon sind wir in eine Sackgasse geraten! In einem Game fängt man normalerweise mit einer Grundausrüstung oder wenigstens ein bisschen Startkapital an.«

»Himmel, was ist nur aus dem männlichen Selbstbewusstsein geworden, das du noch vor ein paar Minuten hattest? Na ja, da lässt sich wohl nichts machen. Du bist nun mal ein Hikikomori. Also schön, überlass das mir. Guck einfach nur zu. Ich zeig dir, wozu eine Göttin fähig ist.«

Ein Mann, der eine Priesterrobe zu tragen schien, auch wenn sie schäbig und abgetragen war, saß in der Nähe. Aqua ging schnurstracks auf ihn zu. »Sie, Priester! Was ist Ihre Konfession? Ich bin Aqua! Genau, die Aqua, die von den Axis-Anhängern angebetet wird! Wenn Sie ... ein Gläubiger sind ... würde es ... wirklich helfen, wenn Sie mir ... Geld leihen könnten.«

Ich konnte nicht sagen, ob sie gebieterisch auftrat oder bettelte.

»Ich fürchte, ich bin ein Gläubiger der Eris ...«

»Ach, so ist das. Dann entschuldige ich mich für die Störung ...«

Er war wohl keiner ihrer Anhänger.

Geschlagen drehte sich Aqua um und wollte gehen, doch der Priester rief ihr hinterher: »Ach, junge Dame ... Sind Sie eine Anhängerin der axistischen Religion? In den alten Überlieferungen heißt es, die Göttinnen Aqua und Eris seien wie Schwestern füreinander gewesen. Das Schicksal muss Sie zu mir geführt haben. Ich habe gesehen, dass Sie nicht genug Geld haben, um die Anmeldegebühr zu bezahlen. Hier, lassen Sie mich das übernehmen. Nennen Sie es Eris' Segen. Aber, junge Dame ... egal wie tief Ihr Glaube auch ist, Sie sollten sich nicht als Göttin ausgeben!«

»Ach ja ... stimmt. Tut mir leid. Vielen Dank.« Aqua nahm das Geld und kam mit einem Gesichtsausdruck zurück, der mich an einen toten Fisch erinnerte.

»Ha ha ... Er hat nicht mal geglaubt, dass ich eine Göttin bin ... Weißt du, Eris steht unter mir. Ich habe Geld bekommen, weil ein Anhänger einer niederen Göttin Mitleid mit mir hatte ...«

»Na ja ... Ende gut, alles gut, stimmt's? Es wäre eher ein Problem gewesen, *wenn* er dir geglaubt hätte, oder?« Aqua sah aus, als hätte sie etwas Wichtiges verloren, und ich wollte etwas Aufmunterndes sagen.

»Ähm, hier, Fräulein, wir ... haben das Geld für die Anmeldung.«

»Mhm ... Das macht dann tausend Eris für jeden, bitte.«

Der Priester hatte Aqua dreitausend Eris gegeben. Aqua zufolge entsprach ein Eris etwa einem Yen*, er hatte ihr also dreitausend Yen gegeben.

Das Mädchen am Schalter hatte unseren kleinen Auftritt mit dem Priester nicht weiter kommentiert. Tatsächlich schien sie uns kaum ansehen zu wollen. *So viel zu Lektion eins.*

»Sie haben gesagt, Sie wollen Abenteurer werden, ich gehe also davon aus, dass Sie eine grobe Ahnung haben, was das beinhaltet. Aber lassen Sie es mich nur für alle Fälle erklären. Zunächst einmal sind Abenteurer diejenigen, die außerhalb der Stadt die Monster – sprich, Kreaturen, die Menschen schaden – bekämpfen. Sie erledigen aber auch sämtliche anderen Aufgaben. *Abenteurer* ist ein Sammelbegriff für Menschen, die diesen Lebensstil als ihre Berufung angenommen haben. Jeder hat aber auch noch einen Job.«

Da war es also! Endlich!

Das war es, was einen Abenteurer definierte. Ob man es nun Beruf, Job oder Klasse nannte – jetzt würden wir unseren Kampfstil wählen.

Vergesst irgendwelche langweiligen Krieger. Eine strahlende Zukunft als großer Magier lag vor mir!

Die Empfangsdame legte eine Karte vor mich und eine vor Aqua. Sie hatte etwa die Größe eines Führerscheins – wahrscheinlich eine Art Ausweis.

* 1 Yen = ca. 0,75 Cent.

»Sehen Sie die Zeile *Level*? Wie Sie wissen, trägt jedes Wesen in dieser Welt eine Seele in sich. Wann immer wir ein anderes Wesen essen, töten oder sonst wie sein Leben beenden, absorbieren wir einen Teil seiner Erinnerungen. Die Erinnerungen, die wir absorbieren, nennt man allgemein *Skillpunkte*. Für gewöhnlich kann man sie nicht sehen. Aber«, sie deutete auf eine andere Stelle der Karte, »dieser Abschnitt zeigt einem Abenteurer, wie viele Skillpunkte er oder sie erlangt hat. Auch das entsprechende Level wird angezeigt. Die Karte verrät also die Stärke eines Abenteurers und auch, wie viele Monster er oder sie getötet hat. Wenn es genug Erfahrung gesammelt hat, verbessern sich die Fähigkeiten eines jeden Lebewesens plötzlich und sprunghaft. Die Leute bezeichnen das oft als Erreichen einer neuen Ebene oder einfach als *Aufleveln* ... Und wenn Sie ein höheres Level erreichen, bekommen Sie Punkte, die Sie gegen neue Skills und eine Vielzahl anderer Boni eintauschen können. Also arbeiten Sie hart, um Ihr Level zu erhöhen.«

Das erinnerte mich daran, was Aqua gesagt hatte. *Du magst doch Videogames, stimmt's?*

Jetzt ergab das alles Sinn. Alles, was das Mädchen gerade beschrieben hatte, stammte eins zu eins aus einem RPG.

»Ich möchte Sie beide bitten, dieses Formular auszufüllen. Bitte geben Sie Größe, Gewicht, Alter und besondere körperliche Merkmale an.«

Ich füllte das Formular aus, das sie mir reichte. Größe: ein Meter dreiundsechzig, Gewicht: vierundfünfzig Kilo, sechzehn Jahre alt, braunes Haar, braune Augen ...

»In Ordnung, danke. Wenn jeder von Ihnen jetzt bitte eine dieser Karten berühren würde. Sie werden Ihre Parameter anzeigen, sodass Sie einen Job wählen können, der Ihren Fähigkeiten entspricht. Je nach Klasse sind Sie in höheren Leveln dann möglicherweise auch in der Lage, Spezialfähigkeiten zu erlernen, beachten Sie das also, wenn Sie Ihren Job wählen.«

Oh, das ging schnell.

Jetzt würden meine unglaublichen verborgenen Talente ans Licht kommen – zweifellos würde die gesamte Gildenhalle in Aufruhr geraten. Ich berührte die Karte mit einer Mischung aus Furcht und Aufregung.

»In Ordnung, danke. Kazuma ... Sato, korrekt? Mal sehen ... Kraft, Lebensenergie, Mana, Geschicklichkeit ... alles durchschnittlich. Ihre Intelligenz ist relativ hoch. Hm? Ihr Glück ist extrem hoch. Ich fürchte allerdings, Glück ist kein sehr nützlicher Wert für einen Abenteurer ... Was machen wir denn da? Mit diesen Werten können Sie sich auf nichts spezialisieren. Sie können nur den Anfängerjob Abenteurer wählen. Bei Ihrem Glück würde ich Ihnen sogar empfehlen, das Abenteuer sein zu lassen und stattdessen Händler zu werden ... Möchten Sie das?«

Moment, wurde ich gerade als Abenteurer abgelehnt? *Was soll das?*

Ich konnte mich gerade noch zurückhalten, der kichernden Göttin neben mir keine zu scheuern. Wenn ich schwach war, war das genauso ihr Problem wie meins.

»A... Also schön, dann halt ... Abenteurer, bitte.«

»Nun«, meinte das Mädchen mit besorgter Miene, »durch das Aufleveln verbessern sich auch Ihre Werte, und dann können Sie irgendwann den Job wechseln. Und ... vergessen Sie nicht, dass Abenteurer alle beschreibt, die auf Abenteuer gehen. Es ist eine Art universeller Job. Nur weil es eine Anfängerklasse ist, ist das nichts Schlechtes. Leute aus der Abenteurer-Klasse können Skills aus allen anderen Bereichen erlernen und einsetzen.«

Natürlich war es Aqua, die mir gleich wieder einen Dämpfer verpasste. »Die schlechte Nachricht ist, dass es Tonnen von Punkten kostet, diese Skills zu lernen, und man kann nicht erwarten, dass sie so wirkungsvoll sind, wie wenn sie jemand aus der entsprechenden Klasse einsetzt. Du kannst alles machen, bist aber in nichts wirklich gut!«

Ich fragte mich, ob ich sie nicht einfach irgendwo loswerden konnte.

Ob nun Anfängerklasse oder »universeller Job«, ich steckte in der Abenteurer-Klasse fest, der schwächsten Klasse überhaupt.

Aber das spielte keine Rolle. Auch der schwächste Abenteurer ist immer noch ein Abenteurer, und meine Entschlossenheit, einer Welt, die meinen Videogames entsprungen war, entgegenzutreten, war ungebrochen. Mit klopfendem Herzen nahm ich die Karte mit meinem Namen und dem Wort ABENTEURER ...

»Wa... Waaaas?! Wo kommen denn diese Werte her?! Abgesehen von Ihrer unterdurchschnittlichen Intelligenz und Ihrem unterirdischen Glück sind all Ihre Werte weit über dem Durchschnitt! Ihre Magie ist am beeindruckendsten! Wer oder was sind Sie überhaupt?« Die Empfangsdame konnte sich kaum beherrschen, als sie Aquas Karte studierte.

Der Raum war von aufgeregtem Gemurmel erfüllt.

Moment, hätte das nicht *mir* gelten sollen?

»E... Echt? Ist das ... was Besonderes? Tja, ich schätze, so bin ich eben ...« Sie mochte nervtötend sein, aber sie war immer noch eine Göttin. Trotzdem war es schwer, sie nicht zu hassen, während sie stolzer und stolzer auf ihre Werte wurde.

»B... Besonders trifft es nicht mal ansatzweise! Die Magier-

Klasse können Sie nicht wählen, die erfordert hohe Intelligenz, aber ... sonst können Sie alles werden! Sie könnten ein Paladin werden – ein Ritter, berüchtigt für seine undurchdringliche Verteidigung –, oder Sie könnten ein Schwertmeister werden mit unvergleichlicher Angriffsstärke! Sie könnten ein Hohepriester werden, die höchste Stufe der Priester-Klasse. Sie können mit einem Job der Oberklasse anfangen!«

Aqua schien darüber nachzudenken. »Okay, verstehe ... Nur schade, dass Göttin kein Job ist. Na ja, vielleicht sollte ich Hohepriesterin werden.«

»Hohepriesterin also! Eine sehr vielseitige Klasse mit Heil- und Unterstützungszaubern aller Art, aber auch stark genug, um sich tapfer allein an der Front zu behaupten. Mal sehen ... Hohepriester ... Da. Willkommen in der Abenteurer-Gilde, verehrte Aqua! Ich und die gesamte Belegschaft sind gespannt auf Ihre zukünftigen Heldentaten!« Das Mädchen am Schalter hatte ein breites Lächeln auf dem Gesicht.

Was geht hier vor? Bin ich jetzt die Hauptfigur oder nicht?

Na, auch egal.

Und so begann mein Leben als Abenteurer in einer neuen Welt.

2

»Okaay – gute Arbeit, Leute! Das war's für heute! Kommt und holt euch euren Lohn!«

»Danke. Schönen Feierabend.«

»Wuhuu, Arbeit!«

Als der Vorarbeiter den Feierabend verkündete, bedankten Aqua und ich uns und verbeugten uns.

»Also, Leute«, sagte ich, »dann bis morgen!«

»Wuhuu, morgen!«, äffte Aqua nach, während ich mich von den anderen verabschiedete.

»Ja, schönen Feierabend. Morgen geht's weiter.« Während die Stimmen der anderen noch hinter uns nachhallten, verließen Aqua und ich das Gelände.

Puh! Ein weiterer Arbeitstag geschafft.

Selbst ich konnte kaum glauben, dass ich mal ein Hikikomori gewesen war. Unseren Lohn in den Händen, machten Aqua und ich uns auf zum größten Badehaus der Stadt.

Die Badehäuser hier waren im Grunde nicht viel anders als die in Japan. Der Eintritt war im Vergleich zum Durchschnittseinkommen vielleicht ein bisschen teurer, aber ein heißes Bad am Ende eines langen Arbeitstags konnte ich mir nicht entgehen lassen.

»Oh ja ... So muss das sein ...« Ich sank bis zu den Schultern ins dampfende Bad, damit das warme Wasser meine Erschöpfung wegwaschen konnte.

Diese Welt wirkte ein bisschen mittelalterlich, und ich war immer davon ausgegangen, dass Bäder in einer Fantasy-Welt Luxus sein würden, aber offenbar hatte ich mich getäuscht. Zum Glück!

Aqua verließ das Bad und wartete am Ausgang auf mich. Es ist wahrscheinlich nicht sehr charmant, eine Frau warten zu lassen, während man im Wasser entspannt, andererseits ist das vielleicht auch einfach normal für einen Bäder liebenden Japaner.

»Was willst du heute essen? Ich hab Lust auf einen Rauchechsenburger. Und eine schöne kalte Rote Neroid!«

»Ja, ich hab auch Bock auf Fleisch. Warum lassen wir uns

nicht von dem Typ im Gasthaus ein paar von seinen Rauchechsenburger-Sparmenüs braten?«

»Da werd ich nicht widersprechen!«

Aqua und ich schlangen unser Essen runter, und weil wir nichts Besseres zu tun hatten, gingen wir danach in den Stall zurück, in dem wir untergekommen waren.

Ich suchte mir das Heu aus, das am wenigsten nach Pferdemist roch, um mein Bett zu bauen, und legte mich gleich hin.

Aqua hatte sich neben mir zusammengerollt, als sei es das Natürlichste auf der Welt. »Okay, gute Nacht.«

»Nacht. Mann, wir haben heute echt geackert ...«

Und so driftete ich in einen tiefen, zufriedenen Schla...

»Halt, Moment mal!« Ich schreckte hoch.

»Was ist? Hast du vergessen, aufs Klo zu gehen, bevor du dich hingelegt hast? Draußen ist es dunkel. Soll ich mitkommen?«

»Nein! Das ist es nicht. Warum mühen wir uns jeden Tag mit körperlicher Arbeit ab?«

Ja. Aqua und ich hatten in den vergangenen zwei Wochen jeden Tag beim Ausbau der Stadtmauer geholfen, kurz gesagt, wir waren Bauarbeiter. Das war weit entfernt von den Abenteuern, die ich erwartet hatte, als ich hierhergekommen war.

Wenn ich so darüber nachdachte, wie hatte sich Aqua eigentlich so schnell an dieses Leben gewöhnt, ohne sich zu beschweren? Sie war schließlich eine Göttin, oder?

»Na, wer essen will, muss eben arbeiten. Gefällt's dir auf dem Bau nicht? Ts. Genau deswegen bist du ein Hiki-Neet. Du könntest auch im Handelsviertel Waren verhökern. Wär dir das lieber?«

»Darum geht's nicht! Ich will ... Ich bin für aufregende Kämpfe gegen Monster hergekommen, okay? Ich dachte, die Invasion des

Dämonenkönigs bedroht diese Welt. Aber man könnte keinen friedlicheren Ort finden. Es gibt keine Dämonen und so gut wie keine Könige – wozu sind wir überhaupt hergekommen?«

Unsere Stimmen wurden lauter, als die Gemüter erhitzter wurden, bis wir Schreie aus der Nähe hörten: »Hey, ihr! Schnauze! Hier versuchen Leute zu schlafen!«

»Oh! Entschuldigung! Tut uns schrecklich leid ...«

Neue Abenteurer sind arm, okay? Sie haben nicht das Geld, um sich jede Nacht ein Zimmer in einem Gasthaus zu leisten. Normalerweise schmeißen sie ihre Finanzen mit anderen Abenteurern zusammen und schlafen in einem großen Schlafsaal, aber im Moment war ein Heuhaufen im Stall alles, was wir uns leisten konnten.

Nein ... das war definitiv nicht das Abenteurerleben in einer Fantasy-Welt, das ich mir vorgestellt hatte.

Im Gasthaus zu wohnen, war, als würde man in Japan jede Nacht in einem Hotel schlafen. Ein Lebensstil, den sich Leute ohne festes Einkommen – wie wir zum Beispiel – nicht leisten konnten.

In Videogames gibt es normalerweise einfache Anfängerquests wie Kräutersammeln oder ein paar Monster in der Nähe der Stadt zu jagen. Hier gab es so was nicht. Außerdem spuckten Monster auch nicht einfach Geld aus, wenn man sie besiegte.

Die Monster, die im nahegelegenen Wald gelebt hatten, waren schon vor langer Zeit ausgerottet worden. Und wer würde schon dafür bezahlen, dass jemand Kräuter in einem absolut friedlichen Wald sammelte?

Offensichtlich niemand.

Selbst Kinder konnten ohne Angst die Mauern der Stadt verlassen. Es gab zwar eine Wache am Tor, aber es war nicht so fest verschlossen, dass nicht einmal eine Ameise hineingekommen wäre.

Der Wald war nicht groß genug, als dass man sich hätte Sorgen machen müssen – wenn etwas Gefährliches auftauchte, zogen die Leute einfach los und vernichteten es.

Ich schätze, das ergab Sinn, wenn man darüber nachdachte, aber für meinen Geschmack war es doch ein bisschen zu sehr wie die echte Welt.

In einem Game konnte ein grünschnäbliger Abenteurer in den Wald gehen und den halben Tag damit verbringen, leicht zu erkennende Pflanzen und Kräuter zu sammeln, und verdiente damit genug Geld, um sich drei anständige Mahlzeiten und ein weiches Bett leisten zu können.

Aber wann hatte man im echten Leben je so leicht Geld verdient?

Denkt mal darüber nach. Selbst in einem reichen Land wie Japan, ist euch da je ein Arbeiter begegnet, der jeden Tag seines Lebens in einem anständigen Hotel verbracht hätte?

Mindestlohn? Arbeitsrecht? Was ist das denn? Schmeckt das?

Willkommen in deiner RPG-Fantasie!

»D... Das weiß ich selbst. Diese Stadt ist am weitesten vom Schloss des Dämonenkönigs entfernt. Er würde sich nicht die Mühe machen, für einen Angriff bis hier raus zu kommen, vor allem weil es in der Stadt nichts als blutige Anfänger gibt. Du willst mir also sagen, Kazuma, dass du auf ein richtiges Abenteuer gehen willst? Obwohl du nicht mal eine Ausrüstung hast?«

Auf Aquas messerscharfe Analyse konnte ich nichts erwidern. Es stimmte. Aqua und mir fehlte selbst die grundlegendste Ausstattung für ein Abenteuer. Wir hatten unsere schönen, sicheren Jobs auf dem Bau angenommen, in der Hoffnung, so genug Geld für eine Ausrüstung zusammenzukriegen.

»Ich hab es langsam satt, auf dem Bau zu arbeiten ... Ich bin nicht den ganzen Weg in ein Land voller Schwerter und Magie gekommen, nur um körperlich zu arbeiten. Ich bin hergekommen, um Abenteuer zu erleben – ohne Computer oder Spielekonsolen. Ich wurde hergeschickt, um den Dämonenkönig zu vernichten, oder nicht?«

Einen Moment lang sah Aqua mich an, als wüsste sie nicht, wovon ich rede. Dann brüllte sie: »Ach, stimmt ja! Da war ja was, was wir tun sollten! Ich war so in die Freuden der Arbeit vertieft, dass ich das doch glatt vergessen hab. Aber wenn du den Dämonenkönig nicht ausschaltest, komme ich auch nicht wieder nach Hause, okay?«

Ich fühlte mich von ihren Worten vor den Kopf gestoßen, bis ich mich erinnerte, dass die Empfangsdame gemeint hatte, Aquas Intelligenz sei unterdurchschnittlich.

»Also schön«, sagte sie, »dann gehen wir und schalten ihn aus! Du hast ja mich, also wird schon alles gut werden. Verlass dich auf mich!«

»Ich hab ein mieses Gefühl bei der Sache ... Aber du bist schließlich eine Göttin. Okay, wie du willst. Morgen besorgen wir uns die billigste Ausrüstung, die wir finden können, und dann verbessern wir unsere Level.«

»Überlass das nur mir!«

»Hab ich nicht gesagt, ihr sollt die Schnauze halten?! Wenn ich da rüberkommen muss ...«

»'tschuldigung! Wir bitten um Verzeihung!«

Während wir uns bei dem anderen Abenteurer entschuldigten, schlug mein Herz Purzelbäume, und ich lag noch lange aufgeregt wach.

3

Am strahlend blauen Himmel war nicht ein Wölkchen zu sehen.

»Aaaaaaaaaaaaahhh! Hilfe! Aqua, hilf miiir!«

»Pffff! Hi hi hi! Das ist großartig! Kazuma, dein Gesicht ist ganz rot! Die Tränen, die Verzweiflung – ich liebe es!«

Oh ja. Auf dem Rückweg werde ich sie irgendwo verscharren!

Während ich noch darüber nachdachte, Aqua irgendwo im Straßengraben zurückzulassen, rannte ich um Hilfe schreiend vor einer Riesenkröte, einem gigantischen froschartigen Monster, weg.

Wir waren auf dem riesigen Feld, das die Stadt umgab. Hierhin hatte uns die Quest, die wir bei der Gilde abgegriffen hatten, geführt …

Ich hatte ein kurzes Schwert, die minimalste Bewaffnung überhaupt. Aqua dagegen war der dämlichen Meinung gewesen, dass eine Göttin, die ein Schwert schwang, einfach nicht richtig wäre, und hatte demnach überhaupt keine Waffe. Stattdessen sah sie fröhlich zu, wie die Kröte mich jagte.

Ich schätze, man darf seinen Gegner nie unterschätzen, selbst wenn es sich um eine Kröte handelt.

Diese Frösche – Verzeihung, Kröten – waren größer als Kühe. Während der Paarungszeit brauchten sie zum Eierlegen viel Energie und kamen deswegen in die menschlichen Siedlungen, wo es jede Menge zu essen gab … wie die Ziegen der örtlichen Bauern, die die Kröten in einem Happs verschlangen.

Da Aqua und ich selbst kaum mehr wogen als ein paar Ziegen, bereitete uns diese Erkenntnis ziemliche Sorgen. Wie sich herausstellte, verschwanden jedes Jahr während der Paarungszeit der Riesenkröten mehrere Bauern und auch Kinder aus der Stadt.

Von außen sahen diese Monster genauso aus wie riesige Frösche. Aber sie waren sehr viel gefährlicher als die Schwächlinge, die vor langer Zeit aus dieser Gegend vertrieben worden waren. Zufälligerweise war ihr Fleisch, auch wenn es ein bisschen zäh war, leicht bekömmlich, hatte einen milden Geschmack und galt deshalb als Delikatesse.

Wir hatten gehört, dass ihre dicke Fettschicht sie vor physischen Angriffen schützte. Andererseits hatten wir aber auch gehört, dass die Riesenkröten Metall verabscheuten und dass man verhindern konnte, gefressen zu werden, indem man auch nur ein winziges Rüstungsteil trug, weshalb es angeblich gar nicht so schwer war, mit ihnen fertigzuwerden. Daher genossen erfahrene Abenteurer die Jagd auf sie. Wir dagegen ...

»Aqua! Aqua! Steh da nicht einfach rum und lach – hilf miiir!«

»Vielleicht könntest du damit anfangen, mir ein bisschen Respekt entgegenzubringen.«

»*Gebieterin* Aquaaaaa!«

Das würde sie später zurückbekommen. Ich würde sie bis zum Hals eingraben und sie so zurücklassen, dann würde sie ja sehen, wie gruselig es war, einer Riesenkröte ausgeliefert zu sein. Den Tränen nahe blickte ich mich zu der Kreatur um, die mich verfolgte. Aber sie hatte sich von mir abgewandt. Ihr Blick ging zu ...

»Also schön! Ich muss dir wohl unter die Arme greifen, Hiki-Neet. Aber im Gegenzug verlange ich, dass du mich anbetest – ab morgen! Wenn wir wieder in der Stadt sind, musst du dich der axistischen Religion anschließen und dreimal am Tag zu mir beten! Wenn ich dich beim Essen um etwas von deinem Teller bitte, musst du es mir ohne Murren geben! Und ... Hrgh?!«

Aqua und ihre Selbstüberhöhung waren mit einem Mal verschwunden.

Die Riesenkröte, die mich verfolgt hatte, war stehen geblieben. Aus ihrem Mundwinkel hing etwas Blaues.

Es war ...

»Aqua! H... Hey! Wage es ja nicht, gefressen zu werden!«

Aquas zuckendes Bein hing seitlich aus dem Maul des Froschs.

Ich zog mein Kurzschwert und stürzte mich auf die Riesenkröte.

»Schnüff ... Määääääh! Schnüff ...«

Aqua hockte vor mir auf dem Boden und hielt ihre Knie umklammert. Der Schleim tropfte an ihr herunter.

Neben ihr lag die Riesenkröte mit gespaltenem Schädel.

»Schnüff ... schnüff ... D... Danke, Kazuma ... Danke ... Määäääääääääähhhh!!«

Sie hatte nicht aufgehört zu weinen, seit ich sie aus dem Maul der Kröte gezogen hatte.

Ich schätze, auch Göttinnen mögen es nicht, gefressen zu werden.

»Sch... Schon okay, Aqua. Ganz langsam ... Hey, lass uns für heute nach Hause gehen. Die Quest war, fünf Kröten in drei Tagen zu töten, aber das ist offensichtlich 'ne Nummer zu groß für uns. Lass uns erst mehr Ausrüstung besorgen. Ich mein, ich hab ein Kurzschwert und einen Trainingsanzug ... Ich würde wenigstens gern wie ein Abenteurer aussehen.«

Dass ich die Kröte, die Aqua verschluckt hatte, hatte töten können, lag hauptsächlich daran, dass Riesenkröten sich nicht bewegten, während sie ihre Beute verschlangen. Ich hätte nie

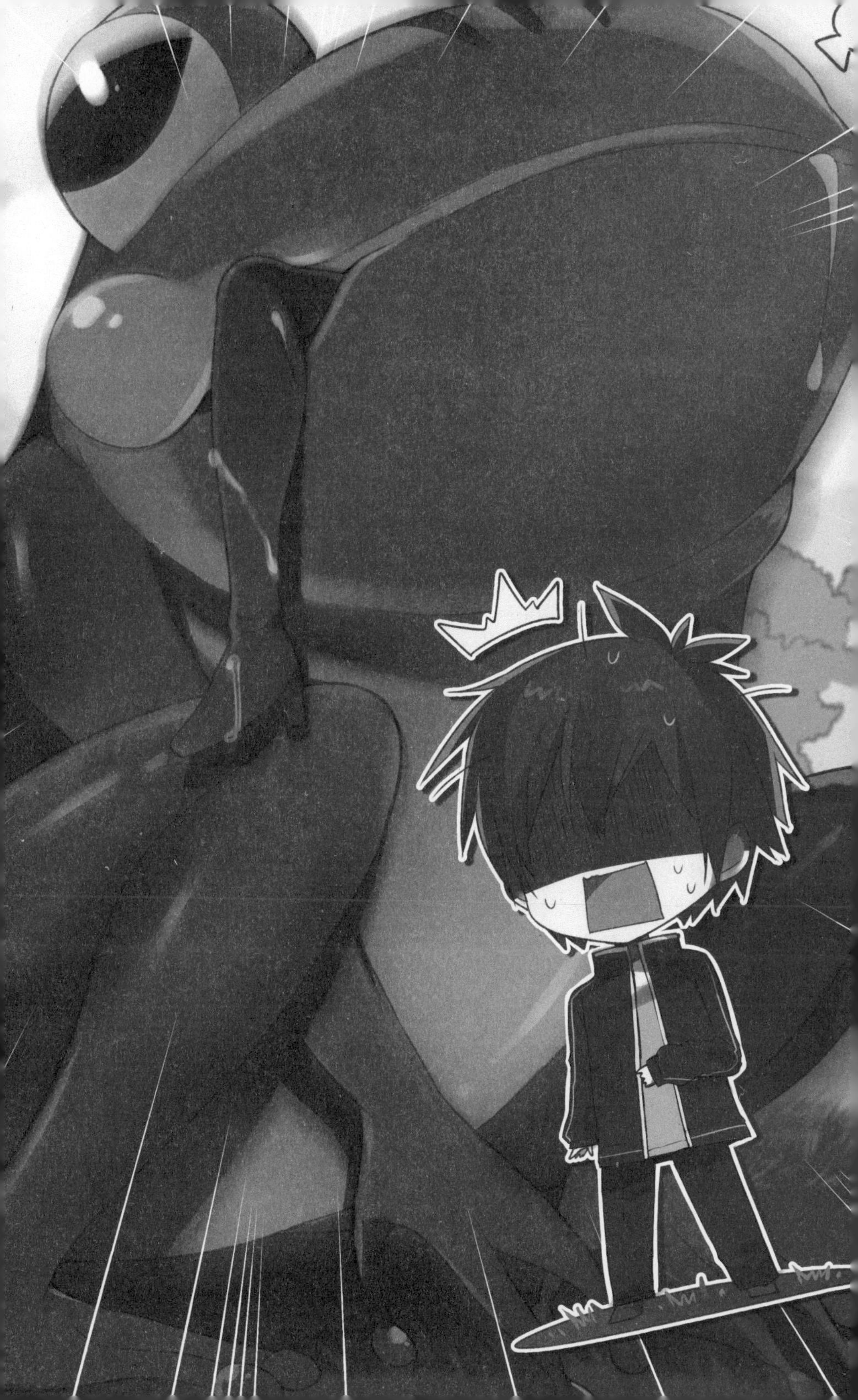

den Mut aufgebracht, einer Kröte entgegenzutreten, die fröhlich auf mich zu gehüpft kam.

Aber Aqua, die von oben bis unten von glänzendem Krötenschleim bedeckt war, stand auf. »Schnüff ... Wie kann eine Göttin sich von einem dahergelaufenen Frosch nur so erniedrigen lassen? Ich wurde geschändet! Wenn mich einer meiner Anhänger so sehen könnte, würde er den Glauben an mich verlieren! Wenn bekannt würde, dass ich von einem Frosch niedergemacht wurde, wäre der Ruf der wunderschönen und herrlichen Aqua ruiniert!«

Sie schwitzte jeden Tag, während sie Bauteile herumschleppte, und war stolz, dass sie mehr tragen konnte als Männer mittleren Alters. Auf nichts freute sie sich so wie auf ein Abendessen nach einem schönen Bad. Jede Nacht schlief sie neben mir auf einem Strohhaufen, während ihr Sabber übers Kinn lief ... Aber ein bisschen Krötenschleim, und sie machte sich Gedanken um ihr Image?

Bevor ich sie aufhalten konnte, rannte Aqua schon auf eine weitere Riesenkröte in einiger Entfernung zu.

»Woah! Hey, warte – Aqua!«

Sie ignorierte mich und erreichte das Monster. Sie war so energiegeladen, dass ihre Faust ein weißes Licht ausstrahlte, und sie rammte sie in den Bauch der Kröte.

»Spüre die Macht der Götter! Du hättest dich mir nicht entgegenstellen – und uns die Zähne zeigen – sollen, aber du wirst noch genug Zeit haben, das in der Hölle zu bereuen! Götterschlag!«

Ich erinnerte mich, dass ich von einem Gildenmitarbeiter gehört hatte, dass physische Angriffe gegen Riesenkröten nicht sehr wirkungsvoll waren.

Mit einem Glubb grub sich Aquas Faust in den weichen Bauch des Monsters, und die Kröte blickte beiläufig auf sie hinunter ...

Ihre Blicke begegneten sich. »W... Weißt du, jetzt wo ich dich aus der Nähe sehe, e... erkenne ich erst, wie niedlich Riesenkröten doch eigentlich sind ...«

Zum zweiten Mal an diesem Tag ging ich auf ein Monster los, das reglos dasaß, während es seine Beute verspeiste. Und zum zweiten Mal rettete ich eine schluchzende, schleimbedeckte Göttin.

Wir entschieden, es für heute gut sein zu lassen.

4

»Das Problem ist, dass wir zwei allein überhaupt keine Chance haben. Wir brauchen ein paar Kameraden!«

Als wir wieder in der Stadt waren, gingen wir direkt ins Badehaus. Dann ging's weiter zur Abenteurer-Gilde, wo wir gebratene Krötenschenkel aßen und Kriegsrat hielten.

Die Gildenhalle diente sowohl als Treffpunkt für Abenteurer als auch als Freizeitzentrum. Hier konnte man Monsterteile kaufen und verkaufen, und eine große Gaststube servierte Gerichte aus Monstern.

Wir verkauften der Gilde das Fleisch der zwei Kröten, die wir erlegt hatten, zu einem Spottpreis. Die Körper hätten wir kaum selbst zurück in die Stadt schleppen können. Aber die Gilde bot einen Transportservice an – natürlich zu einem entsprechenden Preis. Abzüglich der Transportkosten hatten wir für jede Kröte fünftausend Eris verdient. Alles in allem war das kaum mehr, als wir auf dem Bau verdient hatten.

Andererseits war die gebratene Kröte – wenn auch ein bisschen zäh – deutlich besser, als ich erwartet hatte. Als ich in diese Welt gekommen war, hatte ich den Gedanken, Dinge wie Echsen oder Kröten zu essen, widerlich gefunden, aber wie sich herausstellte, schmeckten sie in einem Sparmenü ziemlich gut.

Die Göttin mir gegenüber brauchte hingegen keine Ermunterung, um alles zu essen, was ihr vor die Nase kam.

»Klar, aber ... wir sind blutige Anfänger und haben nicht mal vernünftige Ausrüstung. Wer sollte sich denn bitte unserer Party anschließen wollen?«

Aqua wedelte mit ihrer Gabel herum und hatte den Mund voll mit Krötenschenkel. »Moch dir dorum keine Gedonken. Ich ubernehm dos.«

»Erst schlucken, dann reden!«

Sie schluckte ihr Essen runter. »Wir haben doch *mich*. Wenn bekannt wird, dass wir Party-Mitglieder suchen, werden sie schon kommen. Ich bin eine Hohepriesterin, schon vergessen? Die höchste Klasse! Ich kann alle möglichen Heilzauber anwenden, ich kann Lähmungen und Vergiftungen kurieren und sogar die Toten wiederbeleben! Welche Party würde mich *nicht* wollen? Ich hab vielleicht nicht annähernd meine volle Stärke, weil du mich ja in die Welt der Sterblichen zerren musstest, aber ... ähem! Ich bin immer noch die große Aqua, stimmt's? Schon bald werden sie bei uns Schlange stehen. ›Bitte lasst uns mitmachen!‹, werden sie sagen. Kapiert? Und jetzt gib mir noch einen gebratenen Krötenschenkel.«

Damit schnappte sie sich einen Schenkel von meinem Teller, und ich konnte diese selbst ernannte Göttin nur mit einem unguten Gefühl anstarren.

5

Am nächsten Tag in der Abenteurer-Gilde ...

»Wo sind die denn alle?«, grummelte Aqua.

Wir hatten eine Stellenanzeige ans Schwarze Brett gehängt, dass wir nach Mitgliedern für unsere Party suchten, und uns dann an einem Tisch in der hinteren Ecke der Gildenhalle häuslich eingerichtet ... aber auch nachdem wir einen halben Tag hier gesessen hatten, war nicht ein Kandidat für »Future Hero« aufgetaucht.

Vielleicht hatte keiner unsere Anzeige gesehen.

Es gab jede Menge andere Abenteurer, die nach Party-Mitgliedern suchten. Aber die schienen ein Gespräch nach dem anderen zu haben, und danach verschwanden sie mit ihren neuen Kameraden.

Ich wusste, warum niemand an unseren Tisch kam. »Vielleicht sollten wir unsere Ansprüche ein bisschen runterschrauben. Ich versteh ja, dass wir den Dämonenkönig besiegen wollen, aber der Teil, dass nur höchste Klassen sich bewerben können, schreckt wahrscheinlich viele ab.«

»Äh ... Aber ... aber ...«

Im Klassensystem dieser Fantasy-Welt gab es sogenannte »höchste Klassen«. Aquas Klasse, die der Hohepriester, gehörte dazu. Es war eine Ebene, die Normalsterbliche niemals erreichen würden – legendäre Helden, wenn man so will. Und offensichtlich hatten die meisten mit solchen Talenten schon eine andere Party gefunden.

Aqua wollte wahrscheinlich nur die stärksten Leute haben, die wir finden konnten, damit sie uns halfen, den Dämonenkönig zu besiegen, aber ...

»So wird sich jedenfalls keiner blicken lassen. Und überhaupt, du gehörst vielleicht der höchsten Klasse an, aber ich hab den niedrigsten Job, den es überhaupt nur gibt. Wie soll ich mir meinen Stolz bewahren, wenn meine ganze Party nur aus Elitekämpfern besteht? Können wir bitte ein bisschen breiter gestreut suchen?« Während ich sprach, war ich im Begriff aufzustehen. Aber dann …

»Ich hab die Stellenanzeige für höchste Klassen gesehen. Bin ich hier richtig?«

Ich blickte in ein rotes Auge, das seltsam träge, fast schon schläfrig dreinblickte. Dazu hatte sie volles schwarzes Haar, das ihr bis knapp auf die Schultern reichte.

Das Mädchen, das uns angesprochen hatte, war das Klischee eines Magiers: schwarzer Umhang und schwarze Robe, schwarze Stiefel, ein Zauberstab und sogar ein Spitzhut. Sie hatte das Gesicht einer Puppe – eins von diesen Lolita-Mädels.

Ich wusste, dass Kinderarbeit in dieser Welt nichts Ungewöhnliches war, aber dieses Mädchen konnte nicht älter als vielleicht zwölf, dreizehn sein. Sie war klein und trug eine Augenklappe. Plötzlich warf sie ihren Umhang zurück und verkündete: »Ich bin Megumin! Erzmagierin ist mein Job! Ich beherrsche den stärksten aller Angriffszauber: ›Explosion‹!«

»Willst du uns veräppeln?«

»N… Nein!«

Sie schien nicht erwartet zu haben, dass ich ihre Vorstellung einfach so abtun würde. Und was sollte überhaupt dieser Name?

»Dieses rote Auge … Gehörst du zum Clan des Roten Dämons?«

Das Mädchen antwortete mit einem Nicken auf Aquas Frage und reichte ihr ihre Abenteurerkarte. »Ganz genau. Ich bin Megumin, stärkste Magierin vom Clan des Roten Dämons! Meine

tödliche Magie bricht Berge entzwei und zerschmettert Felsen zu Staub! I… Ihr braucht nicht zufällig eine herausragende Magierin, oder? Und entschuldigt die Frage, aber könnte ich was zu essen haben, bevor wir mit dem Gespräch anfangen? Ich hab seit drei Tagen nichts gegessen …« Sie sah uns flehentlich an.

Im gleichen Moment knurrte ihr Magen.

»Ich kann dich gerne einladen«, sagte ich. »Aber was ist mit der Augenklappe? Wenn du verletzt bist, kann Aqua dich sicher heilen.«

»Ha! Das ist ein magisches Utensil, das meine unglaublichen Kräfte unterdrückt. Wenn ich es abnehmen würde … dann würde eine schreckliche Katastrophe über diese Welt hereinbrechen …«

»Wow, echt? Also ist es so eine Art Siegel?«

»Ne, ich hab mir das gerade ausgedacht. Ich finde einfach, dass es cool aussieht … Au! Tut mir leid! Hör auf! Bitte zieh nicht dran!«

»Okay, dann will ich Kazuma mal aufklären«, meinte Aqua, während ich an Megumins Augenklappe zog. »Die Kinder des Clans des Roten Dämons werden mit überdurchschnittlich hoher Intelligenz und hohem Mana geboren, was es ihnen leicht macht, Magier zu werden. Man erkennt sie an ihren roten Augen, von denen sie auch ihren Namen haben, und … na ja, an ihren seltsamen Vornamen.«

Hm? Ich dachte, sie hätte mich mit der Augenklappe und dem Namen nur aufziehen wollen.

Ich ließ die Augenklappe los, und Megumin sammelte sich.

»Von wegen, seltsame Namen! Wenn du mich fragst, haben alle anderen in dieser Stadt seltsame Namen.«

»Nur so aus Neugier, wie hießen deine Eltern?«

»Meine Mutter ist Yuiyui und mein Vater Hyozaburo!«

Aqua und ich sahen sie schweigend an, bevor Aqua fragte: »Na, wie auch immer ... Du sagst, dieser Clan bringt viele große Magier hervor? Warum nehmen wir sie dann nicht auf?«

»Hey! Wenn du was über die Namen meiner Eltern zu sagen hast, raus damit!« Megumin rückte mir auf die Pelle.

Schnell gab Aqua ihr ihre Abenteurerkarte zurück. »Warum nicht? Eine Abenteurerkarte kann man nicht fälschen, und dieses Mädchen ist definitiv eine Erzmagierin, die höchste Klasse, die mächtige Angriffszauber wirken kann. Wenn sie wirklich ›Explosion‹ anwenden kann, wäre das eine große Sache. Der gilt als einer der schwierigsten Zauber, die man erlernen kann.«

»Hey«, unterbrach Megumin sie aufgebracht, »nennt mich nicht immer ›dieses Mädchen‹, ich habe einen Namen!«

Ich reichte ihr eine Speisekarte. »Beruhig dich und bestell was. Ich bin Kazuma, das ist Aqua. Freut mich, dich kennenzulernen, Erzmagierin.«

Megumin wirkte, als wollte sie noch etwas sagen, doch dann nahm sie einfach schweigend die Speisekarte.

6

»›Explosion‹ ist der mächtigste aller Zauber. Aber wegen seiner Stärke dauert es, ihn vorzubereiten. Ihr müsst die Kröte also in Schach halten, bis ich so weit bin.«

Aqua, die inzwischen satte Megumin und ich waren losgezogen, um es den Riesenkröten heimzuzahlen. Am anderen Ende des Feldes konnten wir eine ausmachen. Sie hatte uns bemerkt und kam näher. Wir konnten aber auch erkennen, dass aus der anderen Richtung weitere Kröten auf uns zukamen.

»Benutz deine Magie, um die anzugreifen, die weiter weg ist. Was die in der Nähe angeht … Los geht's, Aqua. Zeit, es ihnen heimzuzahlen. Du erzählst mir immer wieder, du seist eine … du weißt schon was gewesen. Dann zeig mir doch mal, was du kannst.«

»Was soll das heißen, ›gewesen‹?! Ich bin eine Göttin, Präsens! Nur dass ich im Moment eine Hohepriesterin bin.«

Megumin warf der selbst ernannten Göttin, die mich mit Tränen in den Augen würgte, einen schiefen Blick zu. »Eine … Göttin?«

»S… So bezeichnet sie sich selbst! Armes Ding. Manchmal rutscht ihr das einfach raus, weißt du? Beachte sie gar nicht.«

Während ich sprach, sah Megumin Aqua mitleidig an.

Weinend ballte Aqua ihre Faust und schlug verzweifelt nach der nächstbesten Kröte. »Ja, genau! Ich weiß, dass Riesenkröten immun gegen physische Angriffe sein sollen, aber dieses Mal zeige ich dir, was eine Göttin draufhat! Sieh genau hin, Kazuma! Das letzte Mal habe ich vielleicht keinen Ruhm geerntet, aber heute …«

Aqua, die von ihrem letzten Ausflug in das Verdauungssystem einer Kröte nichts gelernt zu haben schien, erstarrte mitten im Satz und hielt die Riesenkröte auf ihre ganz eigene Art in Schach.

Nur eine wahre Göttin würde sich selbst opfern, um ihren Kameraden Zeit zu verschaffen!

Dann begann die Luft um Megumin herum zu zittern.

Selbst ich, der ich keine Ahnung von Magie hatte, konnte erkennen, dass sich da was Großes zusammenbraute. Ihre Stimme wurde lauter, während sie die Beschwörungsformel rezitierte, und ein einzelner Schweißtropfen lief über ihre Stirn.

»Dies ist die mächtigste Angriffsweise, zu der die Menschheit fähig ist. Die ultimative Offensivmagie!« Die Spitze von Megumins Zauberstab fing an zu leuchten. Das strahlende Licht zog sich zusammen, bis es nur noch ein kleiner, gleißender Lichtpunkt war. Megumins rotes Auge glühte, als sie es weit aufriss.

»Explosion!«

Ein einzelner Lichtstrahl fegte über das Feld. Er schoss aus dem Ende ihres Zauberstabs und hüllte die Kröte ein, die auf uns zukam.

Dann sah ich den Effekt dieser verheerenden Magie.

In einem Licht, dass gleißend genug war, dass einem schwindelig werden konnte, und mit einem Brüllen, das die Luft erzittern ließ, zerplatzte die Kröte in kleine Stückchen. Ich stemmte meine Fersen in den Boden und schirmte meine Augen ab, um mich vor der Druckwelle zu schützen, die drohte, mich von den Füßen zu reißen.

Als sich der Staub gelegt hatte, erstreckte sich ein zwanzig Meter großer Krater, wo sich die Kröte befunden hatte, und bestätigte die beeindruckende Kraft der Explosion.

»Unglaublich! Das ist also Magie ...«

In diesem Moment, während ich noch Megumins Zauber bestaunte, kroch eine Riesenkröte – vielleicht geweckt von dem Lärm und der Druckwelle – aus der Erde.

Ich hatte mich schon gefragt, wie die Kröten in einer Gegend überlebten, in der es keinen Regen oder größere Gewässer gab, aber ich wäre nie auf die Idee gekommen, dass sie unter der Erde leben könnten.

Die Kröte kroch dicht neben Megumin heraus, bewegte sich aber sehr langsam.

Ich musste sie nur weit genug wegbekommen, damit sie eine weitere Explosion vorbereiten konnte. »Megumin! Ziehen wir uns zurück, um einen weiteren Angriff …«

Weiter kam ich nicht, als ich Megumin ansah … und erstarrte.

Sie war zusammengebrochen.

»M… Meine Magie ist sehr mächtig, aber sie verbraucht auch ebenso viel Mana … Ich hab mich überanstrengt und k… kann mich erst mal eine Weile kaum noch rühren … Oh, wer hätte gedacht, dass eine Kröte direkt neben mir auftauchen würde? Das ist schlecht. Ich werde gefressen werden. B… Bitte hilf … Mfffgh?!«

Ich erledigte die beiden Kröten, die Megumin und Aqua bewegungsunfähig gemacht hatten. Und so schafften wir es tatsächlich, fünf Kröten in drei Tagen zu töten – Quest erfüllt.

7

»*Schnüff* … *schnüff* … Das stinkt! Meine Kleider stinkeeen!« Aqua trottete jammernd und schleimbedeckt hinter mir her.

»Das Innere einer Riesenkröte riecht ekelhaft, ist aber ziemlich kuschelig und warm. Das kommt auf die Liste der Dinge, die ich nie am eigenen Leib erfahren wollte.« Eine ebenso schleimbedeckte Megumin, die ich huckepack trug, gab Informationen preis, auf die ich gut hätte verzichten können.

Wie sich herausstellte, wurde, wenn ein Magier einen Zauber anwandte, der über die Grenzen seiner Manapunkte hinausging, die Differenz aus den Lebenspunkten ausgeglichen. Wenn man also einen mächtigen Zauber anwandte, während man kaum noch Mana hatte, konnte das lebensgefährlich werden.

»Spar dir ›Explosion‹ ab sofort für echte Notfälle auf, Megumin«, riet ich ihr. »Normalerweise solltest du dich an kleinere Zauber halten.«

Ich spürte, wie sich ihre Hand, die auf meiner Schulter ruhte, verkrampfte. »Das ... kann ich nicht.«

»Hä?«, sagte ich dümmlich. »Was kannst du nicht?«

Sie umklammerte meine Schulter noch fester. Ich spürte, wie sich ihre flache Brust gegen meinen Rücken drückte. »Ich kann nichts anderes als ›Explosion‹. Ich bin komplett unfähig, irgendwelche anderen Zauber zu wirken.«

»Du machst Witze ...«

»Nein.«

Megumin und ich verfielen in Schweigen. Aqua, die die ganze Zeit hinter uns vor sich hin geschnieft hatte, fühlte sich jetzt bemüßigt, sich an der Unterhaltung zu beteiligen. »Was soll das heißen, dass du nichts anderes als ›Explosion‹ anwenden kannst? Wenn du genug Skillpunkte hast, um das zu lernen, musst du doch auch genug haben, um andere Zauber zu lernen, oder nicht?«

Skillpunkte?

Ach ja, das Mädchen von der Gilde hatte so was gesagt, dass man Punkte brauchte, um Skills zu lernen.

Aqua bemerkte meinen Gesichtsausdruck und erklärte: »Wenn du eine Klasse wählst, bekommst du Skillpunkte, die du dann nutzt, um Fähigkeiten zu erlernen. Je besser du bist, desto mehr Punkte bekommst du, und die kannst du dann in verschiedene Skills umsetzen. Ich zum Beispiel bin *sehr* außergewöhnlich, also habe ich erst mal alle Partyskills gelernt und dann alle Zauber, die einer Hohepriesterin angemessen sind.«

»Wozu sind denn Partyskills gut?«

Aqua ignorierte meine Frage. »Die Arten der Skills, die jemand erlernen kann, sind eingeschränkt durch seine Klasse und seine Persönlichkeit«, fuhr sie fort. »Jemand, der zum Beispiel Angst vor Wasser hat, muss mehr Punkte aufwenden, um eis- oder wasserbasierte Skills zu erlernen, oder er kann sie schlimmstenfalls gar nicht lernen. Explosionsmagie fällt in die Kategorie Multityp-Magie, weil sie unter anderem ein fundiertes Wissen von sowohl Feuer- als auch Luftmagie erfordern. Jemand, der einen Zauber aus der Explosionsmagie erlernen kann, sollte keine Probleme haben, auch andere Elementarzauber zu beherrschen.«

»Mit anderen Worten, es gibt keinen Grund, warum du einen fortgeschrittenen Zauber wie ›Explosion‹ anwenden kannst, aber keine einfacheren Zauber.« Ich hielt inne. »Also, wo und wann wendet man Partyskills an?«

Auf meinem Rücken flüsterte Megumin: »Ich ... bin eine Erzmagierin, die nichts mehr liebt als ›Explosion‹. Die restliche Explosionsmagie ist mir egal – mein Herz schlägt nur für ›Explosion‹.«

Ich fing an, mich zu fragen, was »Explosion« von der übrigen Explosionsmagie unterschied. Ich hatte keine Ahnung, aber Aqua schien Megumins Hervorhebung sehr ernst zu nehmen. Wenn ich ganz ehrlich sein sollte, beschäftigte mich die Sache mit den »Partyskills« auch mehr als die Feinheiten davon, Dinge mit Magie in die Luft zu jagen.

»Natürlich wäre es leichter für mich, auf Abenteuer zu gehen, wenn ich andere Skills erlernen könnte. Selbst Fähigkeiten der Grundelemente wie Feuer, Wasser, Erde und Luft würden mir schon helfen ... Aber ich kann nicht. Ich liebe nur ›Explosion‹. Auch wenn ich sie mit meinen aktuellen Manapunkten nur einmal am Tag anwenden kann. Auch wenn ich zusammenbreche, nachdem ich sie angewendet habe. Das ist egal. Ich liebe ›Explosion‹! Genau genommen habe ich den Weg des Erzmagiers nur eingeschlagen, um diesen einen Zauber zu lernen!«

»Unglaublich!«, meinte Aqua. »Das ist einfach fantastisch! Wenn ich sehe, wie du etwas so Unpraktisches auf so romantische Weise verfolgst, bin ich zu Tränen gerührt!«

Tja, das hatte wohl keinen Sinn. Wie es aussah, hatte sich diese Magierin darauf spezialisiert, komplett nutzlos zu sein. Und dass Aqua ihr zustimmte, war der ultimative Beweis dafür.

Unsere Kämpfe gegen die Riesenkröten hatten in mir Zweifel geweckt, ob diese Göttin mir überhaupt irgendwas nützen würde. Um ehrlich zu sein, war Aqua allein schon eine Bürde. Sich da noch so ein Problemkind ans Bein zu binden ...

Okay, ich hatte eine Entscheidung getroffen.

»Wow, wirklich?«, sagte ich. »Tja, das wird kein leichter Weg, aber bleib stark! Oh, hey, da ist die Stadt! Wenn wir bei der Gilde sind, teilen wir die Belohnung durch drei und dann, wer weiß, vielleicht sieht man sich ja mal wieder ...«

Während ich sprach, wurde Megumins Griff um meine Schulter fester. »Ha ... Ich wünsche mir nichts anders, als Dinge explodieren zu lassen. Jegliche Belohnung ist nur ein Bonus. Ich brauche keinen gleichen Anteil. Gebt mir genug für eine Mahlzeit, ein Bad und ein paar Notwendigkeiten, mehr will ich gar nicht. Ja! Ihr könnt mich, eine Erzmagierin, für kaum mehr als den Preis einer Mahlzeit bekommen! Wie könntet ihr mich unter diesen Bedingungen nicht dauerhaft aufnehmen?«

»Ha ha! Oh, das können wir doch nicht machen! Eine so fantastische Fähigkeit wäre bei einer armseligen Party wie unserer verschwendet! Perlen vor die Säue, weißt du? Ein normaler Magier würde ein paar Anfängern wie uns völlig ausreichen. Sieh mich an – ich bin die niedrigste Klasse, die es überhaupt nur gibt!« Während ich sprach, versuchte ich verzweifelt, Megumins Griff um meine Schulter zu lösen, damit ich sie ihrer Wege schicken konnte, sobald wir die Gildenhalle erreicht hatten.

Aber Megumin klammerte sich verzweifelt fest. »Überhaupt nicht! Mir ist es egal, ob ihr eine schwache oder unerfahrene Party seid. Ich gehöre vielleicht zur höchsten Klasse, aber ich bin selbst Anfängerin. Ich bin nur Level 6. Ich bin sicher, wenn ich ein höheres Level erreicht habe, werde ich nicht mehr jedes Mal zusammenbrechen, wenn ich einen Zauber anwende. Stimmt's? A... Also bitte, h... hör auf, meine Hand wegziehen zu wollen ...«

»Nein, nein, nein. Ein Magier, der nur einen Zauber pro Tag wirken kann? Das ist nicht gerade nutzerfreundlich! Uff! W... Wer hätte gedacht, dass eine Magierin so einen festen Griff haben könnte? Hey, lass los! Wahrscheinlich bist du auch schon aus anderen Partys geflogen, stimmt's? Denk doch mal nach. Wenn wir in einem Dungeon sind, kannst du auf so engem Raum ›Explosion‹ nicht mal nutzen. Du wärst uns überhaupt keine Hilfe! H... Hey, jetzt lass endlich los! Keine Sorge, du bekommst die Belohnung für diese Quest. Jetzt *lass ... los!*«

»Bitte lasst mich nicht zurück! Keine andere Party will mich mehr aufnehmen! Wenn ihr in einen Dungeon geht, kann ich ... Ich kann eure Taschen für euch tragen! Ich tu alles! Ich flehe euch an, lasst mich nicht zurück!«

Vielleicht war es das Mädchen auf meinem Rücken, das aus vollem Hals schrie: »Bitte verlasst mich nicht!«, das die Blicke der Passanten auf sich zog, die anfingen zu flüstern. Wir waren inzwischen in der Stadt angekommen. Normalerweise reichte Aqua alleine, um eine Menschenmenge anzuziehen. Jetzt mussten wir also erst recht auffallen.

»Du meine Güte ... dieser Mann will das arme Mädchen zurücklassen ...«

»Was hat die Frau neben ihm da an sich? Ist das Schleim?«

»Da hat er sich so ein junges Ding zur Gespielin gemacht, und jetzt wirft er sie einfach so weg? Widerlich! Guck doch – beide Mädchen sind voller Schleim! Was für kranke Spielchen hat der Perversling mit ihnen getrieben?«

Ich schien das Opfer eines großen Missverständnisses zu sein.

Mir gefiel nicht, wie Aqua grinste, als sie diese ganzen Kommentare hörte. Und auch Megumin schienen sie nicht entgangen zu sein.

Als ich über meine Schulter blickte, verzogen sich ihre Mundwinkel, dann öffnete sie den Mund ... »Ich tue alles, was du willst! Selbst das Schleimspielchen mit den Kröten ...«

»Okay, okay, schon gut! Willkommen im Team, Megumin!«

8

»In Ordnung, wie ich sehe, haben Sie wie erforderlich fünf Riesenkröten in drei Tagen getötet. Der Abschluss der Quest ist bestätigt. Gute Arbeit!«

Ich erstattete der Empfangsdame der Abenteurer-Gilde Bericht und erhielt die angekündigte Belohnung.

Aqua und Megumin stanken nach Krötenschleim und hätten vielleicht noch mehr Missverständnisse verursacht, also hatte ich sie ins öffentliche Badehaus geschickt.

Ich hatte mir ein bisschen Sorgen gemacht, wie ich beweisen

sollte, dass wir fünf Kröten getötet hatten, wo doch eine von einer magischen Explosion verdampft worden war, aber wie sich rausstellte, zeigte meine Abenteurerkarte an, wie viele Monster ich getötet hatte und von welchem Typ sie gewesen waren. Ich gab der Empfangsdame meine und Megumins Karte, und sie benutzte einen komischen Kasten, um sie zu prüfen.

Es stimmte, dass der Fokus der Entwicklung dieser Welt eher auf Magie als auf Technologie lag, aber es gab doch ziemlich beeindruckende Apparaturen hier.

Als ich wieder auf meine Karte blickte, zeigte sie ABENTEURER LEVEL 4.

Ich hatte gehört, mit Riesenkröten könnten Anfänger leicht aufleveln. Ich hatte vier im Alleingang getötet, und das hatte ausgereicht, um mich auf Level 4 zu bringen. Andererseits, je niedriger das Level, desto schneller levelte man auf. Die Werte auf meiner Karte waren leicht gestiegen, aber ich fühlte mich noch nicht wirklich mächtiger.

Ich murmelte vor mich hin: »Man wird also wirklich stärker, indem man einfach ein paar Monster tötet ...«

Damals, als das Mädchen am Schalter uns in die Welt der Abenteurer eingeführt hatte, hatte sie uns erklärt, dass alles in dieser Welt eine Seele besaß. Dass man, wann immer man etwas aß oder tötete – oder sonst wie ein Leben beendete – einen Teil der Erinnerungen dieses Wesens absorbierte.

Das war wirklich fast wie in einem Videogame.

Als ich mir meine Karte genauer ansah, entdeckte ich das Wort SKILLPUNKTE und daneben eine 3. Diese Punkte konnte ich nutzen, um Fähigkeiten zu erlernen.

»Also dann, wir kaufen euch zwei Riesenkröten ab. Zusammen

mit der Belohnung für den Abschluss der Quest macht das hundertzehntausend Eris.«

Hundertzehntausend.

Abzüglich der Transportkosten war jede Kröte fünftausend Eris wert. Der Abschluss der Quest machte noch mal hunderttausend.

Aqua zufolge hatten Partys in der Regel vier bis sechs Mitglieder, wenn sie sich auf eine Quest begaben. Wenn man also von einer durchschnittlichen Abenteurer-Party ausging, die ihren Hals ein, zwei Tage lang in einem Kampf um Leben und Tod riskierte und mit fünf Krötenleichen nach Hause kam, dann hatten sie mit dem Abschlussbonus hundertfünfundzwanzigtausend Eris verdient. Bei fünf Leuten in der Party bekam also jeder fünfundzwanzigtausend Eris.

Das war die Sache echt nicht wert!

Wir reden hier von fünfundzwanzigtausend Eris am Tag, *vorausgesetzt*, dass eine Quest nur einen Tag dauert. Das mag sich für den Durchschnittsbürger gar nicht so schlecht anhören, aber ihr dürft nicht vergessen, dass wir hier unser Leben aufs Spiel setzten. Wenn heute zum Beispiel nur eine Kröte mehr aufgetaucht wäre, hätte ich auch gefressen werden können, und dann wäre niemand mehr übrig gewesen, um uns zu retten. Unsere ganze Party wäre vernichtet worden. Allein bei dem Gedanken stellten sich mir die Nackenhaare auf.

Ich sah mir die anderen Quests am Schwarzen Brett an:

Fälle Egilbäume, die im Wald Ärger machen. Belohnung nach Menge.

Bitte helft mir, mein verlorenes Haustier zu finden, einen Weißen Wolf!

Suche Schwertkampftutor für meinen Sohn. Anmerkung: Nur

Runenritter und Schwertmeister sollten sich bewerben.

Willst DU Teil magischer Experimente werden? Anmerkung: Außergewöhnlich hohe Lebenspunkte oder starke Magieabwehr erforderlich.

Puh! Diese Welt machte es einem wirklich nicht einfach.

Ich war erst seit zwei Tagen ein Abenteurer und wollte schon wieder zurück nach Japan.

»Entschuldigung, kann ich dich einen Moment stören?«

Ich saß auf einem Stuhl und hing einem Anfall von Heimweh nach, als hinter mir eine leise Stimme erklang. Mit einem Blick, der von der harten Realität dieser Welt gebrochen war, blickte ich auf. »Sicher ... Wie kann ich Ihnen hel...?«

Und dann erblickte ich die Besitzerin der Stimme, und mir blieben die Worte im Hals stecken.

Eine Ritterin. Und auch noch eine umwerfend gutaussehende.

Sie sah mich ausdruckslos an und verströmte eine Coolness, die fast greifbar war.

Sie war nur ein bisschen größer als ich. (Ich bin einsdreiundsechzig, also musste sie vielleicht einsachtundsechzig sein.) Sie trug eine solide wirkende Rüstung, und goldenes Haar rahmte ihre blauen Augen ein. Ich schätzte, dass sie ein, zwei Jahre älter war als ich.

Ihre Rüstung verbarg ihre Figur, aber dennoch hatte sie etwas an sich, das unglaublich sexy war. Und trotz ihrer coolen Ausstrahlung verströmte sie irgendwie eine gewisse ... Traurigkeit.

Woah! Halt! Stopp! Ich kann mich doch nicht einfach auf den ersten Blick verlieben!

»Äh, ja, ähm ... Was kann ich für dich tun?« Mit jemand Jüngerem wie Megumin konnte ich umgehen, auch mit jemandem, der in meinem Alter war (oder zumindest so aussah), wie Aqua, aber meine Stimme zitterte vor Nervosität, während ich mit dieser offensichtlich älteren Frau sprach.

Das hab ich jetzt davon, dass ich ein Leben lang Hikikomori war!

»Sag, hat deine Party diese Stellenanzeige aufgegeben? Sucht ihr zufällig noch Leute?«

Die Ritterin streckte mir einen Zettel hin. Ich hatte vergessen, dass wir die Anzeige nicht abgehängt hatten, nachdem wir Megumin aufgenommen hatten.

»Ach, die. Ja, wir suchen noch nach weiteren Mitgliedern, aber um ehrlich zu sein, kann ich nicht empfehlen ...«

»Bitte! Bitte lasst mich bei eurer Party mitmachen!«

Ich hatte versucht, sie freundlich abzuwimmeln, aber plötzlich packte die Ritterin meine Hand.

Hä?

»W... W... W... Woah! Moment! Ich sollte dich warnen – wir haben jede Menge Probleme. Kein anderes Mitglied ist auch nur ansatzweise nützlich, und ich bin in der niedrigsten Klasse! Um ehrlich zu sein, wurden meine beiden Freunde gerade erst in Schleim gebadet ... Au au au au!«

Bei den Worten »in Schleim gebadet« hatte sie meine Hand besonders fest gedrückt.

»Ich wusste doch, dass das deine Gefährten waren, die ich vorhin schleimbedeckt vorbeigehen gesehen habe! Was ist mit ihnen passiert? Bitte, ich will auch gebadet werden in ... in ...«

»Was?« *Was* hatte sie gerade gesagt?

»W... Warte! Lass mich noch mal anfangen. Was ich sagen wollte, ist: Wie könnte ich, ein Ritter, zwei zarte junge Damen in so einem Zustand übersehen? Wie wär's? Ich bin eine Paladin, die höchste

Klasse der Ritter. Ich denke, das entspricht euren Anforderungen.«

Was war los mit diesem Mädchen? Sie hatte einen irren Blick. Dabei war sie vor einem Moment noch so ruhig gewesen!

In meinem Kopf ging ein rotes Warnsignal an. Dieses Mädchen hatte irgendwas mit Aqua und Megumin gemeinsam. So eine Schönheit lehnte ich nur ungern ab, aber ich hatte keine andere Wahl.

»Alsooo, es tut mir leid, aber wie ich gerade schon gesagt habe, kann ich diese Party wirklich nicht empfehlen. Eins unserer Mitglieder muss erst noch beweisen, dass sie überhaupt irgendwie nützlich sein kann, und die andere kann nur einen Zauber pro Tag wirken. Und, noch mal, ich bin in der niedrigsten Klasse. Wir sind eine total gestörte Truppe, also würde ich dir empfehlen, dich woanders ...«

Sie packte meine Hand noch fester. »Das ist ja sogar noch besser! Die Wahrheit ist ... Es fällt mir nicht leicht, das laut auszusprechen, aber ich bin eigentlich ... Ich weiß, meine Verteidigung ist gut – wirklich! Aber ich bin ziemlich ungeschickt und meine ... meine Attacken treffen nie ihr Ziel, also ...«

Auf meine Intuition war Verlass.

»Also, ich gehöre vielleicht zur höchsten Klasse, aber das ist keine große Sache! Ich will, dass ihr mich vorneweg schickt – benutzt mich als Schild!«

Als ich mich wieder setzte, beugte sich die Ritterin vor, bis ihr Gesicht mit seinen anmutigen Zügen ganz nah war.

Sehr ... sehr ... nah ...

Weil ich saß, ragte sie über mir auf, aber sie war mir so nah, dass ihr langes goldenes Haar über meine Wangen strich und mein Herz rasen ließ.

Jetzt musste ich *wirklich* für dieses Hikikomori-Leben bezahlen!

Nein! Musste ich nicht. Das war einfach nur zu viel Stimulation für eine pubertierende Jungfrau, und es brachte mich aus dem Konzept. *Bleib ruhig! Lass dich nicht von ihr einwickeln!*

»Also, wir könnten doch nie eine Frau als Schild benutzen. Wir sind wirklich eine extrem schwache Party, du wärst also bei jeder einzelnen Quest der Sandsack des Monsters.«

»Genau danach suche ich!«

»N... Nein, tust du nicht! Erst heute wurden zwei meiner Gefährten von Riesenkröten gefressen und vollgeschleimt! Und ganz ehrlich, das wird wahrscheinlich jeden einzelnen Tag wieder passieren ...«

»Das ist genau das, was ich suche!«

Jetzt hab ich's.

Die Ritterin, die meine Hand umklammert hielt und errötete ... Als ich sie genauer ansah, wurde es mir endlich klar. Nicht nur, dass ihre Fähigkeiten uns nicht helfen würden, nein: Wie der Rest meiner Party war sie durch und durch nutzlos!

Kapitel 2 – Auf dass da Schätze (und damit meine ich Slips) in meiner rechten Hand sein mögen!

1

»Hey, was ich noch fragen wollte … Wie genau erlernt man Skills?«

Es war der Tag, nachdem wir gegen die Riesenkröten gekämpft hatten. Wir gönnten uns ein spätes Mittagessen in der Gildengaststube. Vor mir futterte sich Megumin, die anscheinend überhaupt kein Geld hatte und sich nichts Vernünftiges zu essen hatte leisten können, bevor sie uns getroffen hatte, voll konzentriert durch ihr Sparmenü.

Aqua bestellte sich beim Kellner eine zweite Portion. Für eine Frau ihres Alters hatte sie einen gesegneten Appetit.

Man hätte meinen können, dass eine Party, die aus zwei Mädchen und einem Typen bestand, der Anfang eines Harems wäre, aber das hier hatte wirklich überhaupt nichts Erotisches.

Mit der Gabel in der Hand sah Megumin auf. »Wie man Skills lernt? Na, deine Karte zeigt dir doch die erlernbaren Skills … Ach so, du bist ja in der Abenteurer-Klasse, stimmt's? Da das eine Anfängerklasse ist, brauchst du jemanden, der dir neue Skills beibringt. Lass dir von ihm einen Skill zeigen, und dann soll er dich Schritt für Schritt anleiten. Danach erscheint der Skill auf deiner Karte, und du kannst deine Punkte darauf verwenden. Ganz einfach.«

Okay. Ich war ziemlich sicher, dass die Empfangsdame der Gilde gesagt hatte, dass Abenteurer alle Skills erlernen könnten. Was bedeutete …

»Heißt das, wenn du mir zeigst, wie's geht, könnte ich sogar ›Explosion‹ lernen, Megumin?«

»Ja, genau!«

»Wow!«

Meine beiläufige Frage brachte sie ganz aus dem Häuschen. »Ganz genau, Kazuma! Es würde eine unfassbare Menge an Punkten kosten, ja, aber außer den Erzmagiern sind Abenteurer die Einzigen, die ›Explosion‹ erlernen können. Wenn du es lernen willst, zeig ich es dir, so oft du willst! Gibt es etwa irgendeinen anderen Skill, den es sich zu lernen lohnt? Natürlich nicht! Also, Kazuma, schließ dich mir auf dem Pfad der Explosionskunst an!«

Ihr Gesicht war so ... so ... nah ...

»B... Beruhig dich, du Loli*! Ich hab sowieso nur drei Skillpunkte. Kann ich damit überhaupt ›Explosion‹ lernen?«

»L... Loli?!« Megumin war zu aufgebracht, um die Unterhaltung fortzusetzen, also wandte ich mich an Aqua.

»Ein Abenteurer, der ›Explosion‹ erlernen will, schafft das nicht mit zehn oder zwanzig Punkten«, erklärte sie. »Wenn du zehn Jahre daran arbeiten und jeden einzelnen Skillpunkt dafür aufsparen würdest, könntest du es *vielleicht* lernen.«

»Wer würde denn so lange warten?«

»D... Du hast mich ... Loli genannt ...« Megumin, die von meiner Wortwahl sichtbar geschockt war, ließ den Kopf hängen und stopfte weiter ihr Essen in sich rein.

Aber da einer der wenigen Vorteile meiner Klasse war, jeden Skill lernen zu können, wollte ich das auch voll ausnutzen. »Hey, Aqua, du kennst doch bestimmt jede Menge nützliche Skills, oder? Bring mir was Einfaches bei. Irgendwas, das nicht zu viele Punkte verbraucht, aber trotzdem nützlich ist. Ich will einen guten Deal machen.«

* Abkürzung für Lolita-Komplex, also eine Sexualisierung junger Mädchen.

Gedankenverloren hielt Aqua ihr Wasserglas und schwieg einen Moment lang. »Also schön. Aber nur damit du's weißt, meine Skills sind nicht zum Spaßen. Die bring ich nicht einfach irgendwem bei, klar?«

Aqua plusterte sich mal wieder auf – aber da ich etwas von ihr lernen wollte, musste ich die Zähne zusammenbeißen. Ich nickte ernst und beobachtete, wie Aqua ihren Skill vorführte.

»Zuerst, sieh dir dieses Glas an. Es ist voll mit Wasser, richtig? Jetzt nimmst du es und balancierst es auf deinem Kopf, sodass es nicht runterfällt. Hier, versuch's mal.«

Ich schaffte es, das Glas auf meinem Kopf zu halten, und war mir dabei der Blicke der Umstehenden nur allzu bewusst.

Dann zog Aqua von irgendwoher eine Art Samen und legte ihn auf den Tisch. »Jetzt benutz deinen Finger, um den Samen ins Glas zu schnippen. Wenn du es hinkriegst, tada! Der Samen saugt das Wasser aus dem Glas auf und …«

»Hey, wer hat denn was von Partytricks gesagt, Noob-Göttin?!« Ich riss mir das Glas vom Kopf.

»Waaaas?!«

Sie war von meiner Reaktion zutiefst überrascht und gesellte sich zu Megumin, die nun beide vor sich hin schmollten. Brütend schob sie den Samen auf dem Tisch hin und her.

Ich verstand nicht, worüber sie sich so aufregte, aber ich wünschte, sie würde endlich das dumme Glas von Kopf nehmen. Es erregte Aufmerksamkeit.

Plötzlich meinte jemand in der Nähe: »Ha ha ha! Du bist ja lustig! Hey, seid ihr die Party, bei der Darkness aufgenommen werden will? Du willst was Nützliches lernen? Wie wär's mit ein paar Diebesskills?«

Jetzt bemerkte ich die zwei Frauen am Nachbartisch. Die, die uns angesprochen hatte, war ein sehr attraktives junges Mädchen mit silbernem Haar. Sie trug eine Lederrüstung und hatte eine lässige Ausstrahlung. Sie hatte einen kleinen Schnitt auf der Wange und wirkte ein bisschen verschlagen, aber auch offen und fröhlich.

Neben ihr saß ein wunderschönes Mädchen mit langem goldenem Haar und einer vollen Plattenpanzerrüstung. Sie wirkte cool und unnahbar und …

Moment. Was das nicht die Ritterin, die am Vortag unserer Party hatte beitreten wollen?

Die Diebin schien ein, zwei Jahre jünger zu sein als ich.

»Ähm, Diebesskills? Was sind das für Skills?«

Meine Frage schien das Mädchen zu erfreuen. »Ich bin froh, dass du fragst. Erst mal sind das sehr nützliche Skills. Man kann Fallen aufspüren und entschärfen, einen Hinterhalt planen oder Gegenstände stehlen. Es gibt sogar ein paar tolle passive Fähigkeiten. Du bist in der Abenteurer-Klasse, richtig? Du brauchst nicht mal besonders viele Punkte, um Diebesskills zu lernen. Das ist ein toller Deal. Was sagst du? Wenn du mir ein Rotes Bier ausgibst, zeig ich dir ein paar!«

Echt billig!

Und wo ich darüber nachdachte, konnte es nichts schaden, wenn dieses Mädchen mir etwas beibrachte, selbst wenn es vielleicht nur wenig war. Wenn ich noch mehr Diebesskills lernen wollte, könnte ich immer noch einen der Diebe fragen, die in der Stadt herumliefen.

»Okay, Deal! Kellner! Ein Rotes Bier für die Dame, bitte!«

2

»Vielleicht sollte ich mich erst mal vorstellen. Ich bin Chris. Wie du sehen kannst, bin ich eine Diebin. Und dieser Trampel hier heißt Darkness. Ich glaube, ihr seid euch schon begegnet. Sie ist eine Paladin, also weiß ich nicht, ob sie überhaupt viele Skills besitzt, die du lernen willst.«

»Toll! Ich bin Kazuma. Freut mich, Chris.«

Wir drei waren praktisch allein auf dem Hof hinter der Abenteurer-Gilde. Die anderen beiden hatte ich schmollend am Tisch zurückgelassen.

»Okay, vielleicht sollten wir mit ›Gegner erspüren‹ und ›Verstecken‹ anfangen. ›Falle entschärfen‹ müssen wir auf ein anderes Mal verschieben, weil es in der Stadt nicht gerade viele Fallen gibt. Mal sehen ... Darkness, würdest du dich mal für eine Sekunde umdrehen?«

»Hm? Okay ...«

Sie drehte uns wie geheißen den Rücken zu.

Chris stieg in ein Fass ein Stück entfernt, sodass nur noch ihr Oberkörper zu sehen war. Dann warf sie Darkness einen Stein an den Kopf und duckte sich in das Fass.

Sollte das etwa ›Verstecken‹ sein?

Ohne ein Wort ging Darkness auf das einzige Fass in Sichtweite zu.

»*Gegner erspüren* ... *Gegner erspüren* ... Ich kann spüren, wie Darkness' Wut näherkommt. Hey, Darkness? Du weißt, ich tu das nur, um dem Kerl ein paar Skills beizubringen, oder? Oder?! Sei sa... aahhhh, hör aaauf!«, brüllte Chris, als Darkness das Fass auf die Seite legte und ihm einen Tritt versetzte.

Kann ich so wirklich was lernen?

»Na schön. Warum versuchst du es nicht mit meiner Top-Empfehlung, ›Stehlen‹? Damit schnappst du dir nach dem Zufallsprinzip einen Gegenstand von deinem Ziel. Dabei spielt es keine Rolle, ob es ein Schwert ist, das es fest umklammert hält, oder eine Geldbörse, die tief in der Tasche vergraben ist. Die Erfolgswahrscheinlichkeit hängt von deinem Glückswert ab. Damit kann man ziemlich tolle Sachen machen. Vielleicht stehst du einem schrecklichen Gegner gegenüber und schnappst dir seine Waffe, oder du krallst dir seinen verborgenen Schatz und rennst weg.«

Nach ihrem Ausflug in dem Fass hatte Chris sich wieder gefangen und erklärte mir die Feinheiten des »Stehlen«-Skills. Er klang auf jeden Fall sehr nützlich. Und wenn er wirklich auf Glück beruhte, konnte ich endlich meinen einzigen guten Wert nutzen.

»Ich werde ihn jetzt bei dir anwenden, okay?«, sagte Chris. »Bereit?« Sie streckte die Hand aus und rief: *»Stehlen!«* Plötzlich hatte sie ein kleines Objekt in der Hand.

Es war ...

»Hey, mein Portemonnaie!« Nicht dass viel drin gewesen wäre.

»Ah, ein Treffer! So wendet man ›Stehlen‹ an. Hier ist dein Porte...« Chris hielt inne, bevor sie mir mein Portemonnaie hinhielt, und ein Lächeln schlich sich auf ihr Gesicht. »Hey«, meinte sie, »wie wär's mit einem kleinen Spiel? Du lernst jetzt gleich ›Stehlen‹, und dann stiehlst du ein Teil von mir. Meine Geldbörse, meine Waffe ... egal was. Was immer du erwischst, ist garantiert mehr wert als dieses federleichte Ding.« Sie wedelte mit meinem Portemonnaie. »Also, ich behalte deine Geldbörse, und im Gegenzug kannst du behalten, was immer du von mir erwischst. Was sagst du? Willst du's versuchen?«

Sie kam wirklich auf komische Ideen.

Aber ich hielt doch inne und dachte darüber nach. Ich hatte großes Glück. Und ich konnte alles von ihr stehlen …

Mit anderen Worten, selbst wenn der Skill versagte, würde ich wahrscheinlich nicht mit leeren Händen dastehen. Warum sollte ich es nicht versuchen? Diese Wette klang wie etwas, worauf sich nur eine Handvoll verrückter Abenteurer einlassen würde – ich liebte es! Zum ersten Mal, seit ich in dieser Welt angekommen war, fühlte ich mich wie ein echter Abenteurer!

Ich überprüfte meine Abenteurerkarte und entdeckte ein neues Feld: Erlernbare Skills. Als ich es mit dem Finger berührte, erschienen vier Skills:

Feind erspüren … 1 Punkt

Verstecken … 1 Punkt

Stehlen … 1 Punkt

Schönheit der Natur … 5 Punkte

Schönheit der Natur? War das der Partytrick mit dem Samen im Glas, den Aqua mir gezeigt hatte? Das war ja mal ein Name für einen Taschenspielertrick … Hm? *Er verbraucht mehr Skillpunkte als alles andere zusammen!*

Ich gebe zu, der Partytrick war verlockend, aber ich nahm die anderen Skills auf meiner Karte – »Feind erspüren«, »Verstecken« und »Stehlen«. Damit waren meine drei Skillpunkte aufgebraucht, und das Feld Verfügbare Punkte zeigte jetzt null.

So lernte man hier also Skills.

»Okay, ich hab's gelernt. Die Wette gilt! Egal was ich stehle – kein Geheule, klar?« Ich streckte die Hand aus.

Seltsamerweise lächelte Chris. »Gut! Ich mag einen Mann, der nicht vor einer Herausforderung zurückschreckt! Ich frage mich, was du wohl ergattern wirst. Vielleicht bekommst du nur deine

Geldbörse zurück. Der erste Preis ist dieser verzauberte Dolch – er ist mindestens vierhunderttausend Eris wert. Und ich habe sogar einen Trostpreis – diese Steine, die ich vorhin aufgesammelt habe, um Darkness damit zu bewerfen!«

»Hey! Das ist ein schmutziger Trick!«, protestierte ich mit einem Blick auf die Kieselsammlung in Chris' Hand.

Ich hatte mich schon gefragt, warum sie so selbstsicher war. Tja, einen Haufen Schrott mit sich rumzutragen, war wohl auch eine Möglichkeit, um sich vor »Stehlen« zu schützen.

»Sieh's als Lehrgeld. Kein Skill ist allmächtig. Mit ein bisschen Fantasie kann man sich für alles eine Gegenmaßnahme einfallen lassen. Lektion gelernt? Dann zeig mal, was du draufhast!«

Verdammt! Ja, ich hatte meine Lektion definitiv gelernt. Als ich sah, wie Chris mich angrinste, kam ich mir ein bisschen dumm vor, weil ich mich so einfach von ihr hatte austricksen lassen.

Das hier war nicht Japan. Es war eine Welt, in der der Stärkste überlebte. Es war meine eigene Schuld, dass ich so leichtgläubig gewesen war.

Aber egal, auch wenn meine Chancen damit schlechter standen, war das Spiel noch nicht vorbei.

»Also dann! Das Glück war schon immer auf meiner Seite ... *Stehlen!*«

Noch während ich das rief, hielt ich etwas fest in meiner ausgestreckten rechten Hand umklammert.

Beim ersten Versuch! Glück war wirklich mein einziges Talent.

Ich öffnete meine Hand, um mir anzusehen, was ich erwischt hatte ...

»Was ist das?«

Es war ein einzelnes Stück weißer Stoff. Ich hielt es ins Licht. »Iyeehaa! Das ist sogar noch besser als der Hauptpreis!«

»Neiiin! Gib mir gefälligst meinen Slip zurüüüüück!«, schrie Chris mit Tränen in den Augen und hielt ihren Rock fest.

3

Als ich in die Gildengaststube zurückkam, nachdem ich meinen neuen Skill gelernt hatte, herrschte dort helle Aufregung.

»Macht es noch mal, Gebieterin Aqua! Ich bezahle auch! Zeigt uns noch mal ›Schönheit der Natur‹!«

»Du Idiot! Unsere liebe Aqua will kein Geld – sie will Essen! Stimmt's, meine Liebe? Ich lade dich ein! Also zeig uns ›Schönheit der Natur‹!«

Aus irgendeinem Grund hatte sich eine Menschenmenge um Aqua gebildet. Sie wirkte mehr als nur ein bisschen genervt.

»Das ist Kunst! Das kann man nicht einfach so machen, nur weil einer darum bittet! Ein großer Mann hat einst gesagt, ein guter Witz ist nur einmal gut. Ich bin kein drittklassiger Straßenkünstler, der denselben Trick wieder und wieder vorführt, nur weil er gerade beliebt ist! Genau genommen bin ich überhaupt kein Künstler, ich hab also überhaupt kein Interesse daran, mit meiner Kunst Geld zu machen. Das ist das Mindeste, worauf man sich festlegen kann, wenn man seine Fähigkeiten verbessern will. Jedenfalls wollte ich euch ›Schönheit der Natur‹ eigentlich gar nicht vorführen ... Hey, Kazuma! Endlich bist du wieder da! Weißt du, es ist deine Schuld, dass das pass... Was ist denn mit der?«

Aqua hatte die verheulte, schmollende Chris bemerkt, die mir gefolgt war, als ich mir meinen Weg durch die Menge gebahnt hatte.

Darkness ergriff das Wort, bevor ich irgendwas erklären konnte. »Chris ist sauer, weil Kazuma nicht nur ihren Slip geklaut hat, er hat ihn auch noch benutzt, um sie zu erpressen.«

»Hey, jetzt mach aber mal halblang! Moment mal! Ganz langsam! Ich meine ... sie hat schon recht, aber ... echt mal, ganz langsam!«

Chris hatte gejammert, dass sie jeden Preis bezahlen würde, wenn ich ihr ihren Slip zurückgeben würde, also hatte ich ihr gesagt, sie sollte den Preis für ihre Unterwäsche selbst festlegen. Das war alles.

Und dann hatte ich hinzugefügt, wenn mir der Preis, den sie anbot, nicht gefallen sollte, würde ich den Slip behalten und ihn mitnehmen, um ihn zu einem Familienerbstück zu machen.

Sie hatte ihr Portemonnaie zusammen mit dem, das sie mir abgenommen hatte, herausgezogen und sie gegen die Unterwäsche eingetauscht. Aber bei Darkness klang das alles so *unanständig*.

Ich fing an, mich unter dem Blick von Aqua und Megumin zu winden, die völlig von Darkness' Geschichte eingenommen waren, doch dann hob Chris den Kopf.

»Tja, ich schätze, in aller Öffentlichkeit die Unterwäsche geklaut zu bekommen, ist kein Grund, so einen Aufstand zu machen. Schon gut, Darkness. Tut mir leid, aber ich verzieh mich in einen gut bestückten Dungeon, den ich kenne, und verdien mir ein bisschen was. Ich hab grade all mein Geld ausgegeben, um meinen Slip auszulösen.«

»Hey, Halt mal! An Aqua und Megumins Blicke bin ich ja gewöhnt, aber jetzt starrt mich jeder weibliche Abenteurer im Raum an! Jetzt warte mal!«

Es sah aus, als hätte ein Großteil der anwesenden Frauen unsere Unterhaltung mit angehört. Chris lachte über meinen ängstlichen Gesichtsausdruck und meinte: »Das ist meine kleine Rache. Okay, ich bin weg, um ein bisschen Geld zu verdienen. Benimm dich, Darkness! Man sieht sich!«

Damit ging Chris zu den Stellenanzeigen für Abenteurer.

»Ähm ... willst du nicht mit ihr gehen, äh ... Darkness?«, fragte ich. Die Ritterin saß immer noch an unserem Tisch, als sei es die natürlichste Sache der Welt.

»Nein ... ich bin ein Tank. Uns gibt's im Dutzend billiger. Diebe dagegen ... Man braucht einen, um einen Dungeon anzugreifen, aber es ist nicht gerade ein schillernder Job, deshalb gib es nicht viele Diebe. Alle suchen nach jemandem wie Chris.«

Alles klar. Mir fiel ein, dass Aqua gemeint hatte, auch Hohepriester seien sehr gefragt. Der Job konnte einen wohl doch weiter bringen, als mir bisher bewusst gewesen war.

Ein paar Minuten später sahen wir, wie Chris die Gilde mit ein paar anderen Abenteurern verließ. Sie hatte wohl eine Party gefunden. Im Gehen winkte sie uns fröhlich zu.

»Die brechen jetzt zu einem Dungeon auf, obwohl es gleich dunkel wird?«

»Gleich morgens früh ist die beste Zeit, um einen Dungeon anzugreifen«, erklärte Megumin. »Es ist also üblich, dass die Leute am Abend vorher zum Dungeon aufbrechen und vor dem Eingang übernachten. Es gibt sogar ein paar Händler, die vor Dungeons Läden eröffnet haben, um die Abenteurer zu versorgen, die dort lagern. Also, wie ist es gelaufen, Kazuma? Hast du einen neuen Skill gelernt?«

Als ich Megumins Frage hörte, breitete sich ein schamloses

Grinsen auf meinem Gesicht aus. »Hi hi, soll ich ihn euch zeigen? Los geht's – *Stehlen!*«, rief ich und streckte meine rechte Hand nach Megumin aus.

Sofort hielt ich wieder ein Stück weißen Stoff in der Hand – ganz genau: einen Slip!

»Ich versteh das nicht. Sind deine Werte so weit gestiegen, dass du deinen Job von Abenteurer zu Perversling wechseln konntest?« Sie hielt inne. »Ähm ... es ist ziemlich kühl. Könntest du mir meinen Slip zurückgeben?«

»W... Was? Ist ja seltsam ... Es sollte nicht ... Ich meine, es sollte willkürlich irgendeinen Gegenstand auswählen.«

Schnell gab ich Megumin ihren Slip zurück, und während sich die Blicke der umstehenden Frauen von unterkühlt zu eisig verwandelten, hörte ich, wie jemand auf den Tisch schlug.

Es war Darkness, die sich von ihrem Stuhl erhob. Aus irgendeinem Grund strahlten ihre Augen ...

»Ich wusste es! Ich wusste doch, dass ich dich richtig eingeschätzt hatte! Du Monster – einem so jungen Mädchen in aller Öffentlichkeit die Unterwäsche zu rauben! Ich muss unbedingt – unbedingt – Teil dieser Party werden!«

»Nope.«

»Wa...?! Hrrk!« Bei meiner Antwort lief Darkness rot an und fing an zu zittern.

Was sollte ich machen? Ich konnte nicht sagen, woher, aber ich wusste, dass die Ritterin nicht sehr nützlich sein würde.

Und natürlich waren Aqua und Megumin sofort an ihr interessiert.

»Hey, Kazuma, wer ist das? Ist das das Mädchen, von dem du gestern erzählt hast, dass du mit ihr gesprochen hättest, während Megumin und ich im Badehaus waren?«

»Moment, ist sie nicht eine Paladin? Warum würdest du eine so starke Verbündete ablehnen wollen?«

Mit einem Blick auf Darkness gaben sie beide ungefragt ihre Meinung kund.

Verdammt! Und dabei hatte ich mir gestern solche Mühe gegeben, sie abzuwimmeln ... Ich hatte definitiv nicht gewollt, dass sie diesen beiden begegnete.

Also schön, versuchen wir es so ...

»Hör zu, Darkness. Aqua und ich sehen vielleicht nicht sehr beeindruckend aus, aber wir haben eine Mission zu erfüllen. Wir müssen den Dämonenkönig besiegen.« Natürlich wollte Aqua zurück in ihr göttliches Reich, ich allerdings – nachdem ich mit der Realität konfrontiert worden war, dass wir uns in einer Welt befanden, in der wir nur mit Mühe mit überdimensionalen Kröten fertigwurden, von einem dämonischen Herrscher gar nicht erst zu sprechen – war nicht mehr so richtig mit ganzem Herzen bei der Sache.

Ich schenkte Megumin keine Beachtung, die neben uns saß und so tat, als würde sie unsere Unterhaltung komplett ignorieren.

Moment. Vielleicht wäre das der ideale Augenblick.

»Das gilt auch für dich, Megumin«, sagte ich. »Aqua und ich wollen ernsthaft den Dämonenkönig besiegen. Nur deswegen sind wir Abenteurer geworden. Und deshalb wird es für uns wahrscheinlich ganz schön haarig werden. Vor allem für dich, Darkness – du bist eine Ritterin! Weißt du, was der Dämonenkönig mit dir machen würde, wenn er dich gefangen nimmt?«

»Was du nicht sagst!«, erwiderte Darkness. »Schon immer wurden Ritterinnen von Dämonenkönigen für unanständige Dinge missbraucht! Schon allein deshalb muss ich mich euch anschließen!«

»Hä? Wie jetzt?!« Ihre Entschlossenheit machte mich sprachlos.

»Hm? Was denn? Hab ich was Komisches gesagt?«

Okay, lassen wir das erst mal.

Ich wandte mich Megumin zu. »Hör zu, Megumin – wir haben es hier mit dem Dämonenkönig zu tun. Aqua und ich nehmen den Kampf mit dem mächtigsten Wesen dieser Welt auf. Du musst dich nicht dazu zwingen, bei so einer irren Truppe von …«

Bamm!

Megumin stand plötzlich auf. Ihr Mantel wehte hinter ihr. »Mein Name ist Megumin! Stärkste Magierin des Clans des Roten Dämons und Beherrscherin von ›Explosion‹! Wenn der Dämonenkönig als das stärkste Wesen bekannt ist, werde ich ihn mit der stärksten Magie dieser Welt stürzen!«

Überall im Raum warfen uns die Leute seltsame Blicke zu, während Megumin ihre stolze und absolut kindische Rede schwang.

Noob. Grins mich nicht so selbstgefällig an!

Was sollte ich machen? Die beiden Problemkinder, die ich am dringendsten aus meiner Party haben wollte, wollten umso dringender drinbleiben!

»Hey, Kazuma! Kazumaaa!« Während ich dasaß und vor mich hin brütete, zupfte mich Aqua am Ärmel. »Nach allem, was du grade gesagt hast, bin ich mir nicht mehr so sicher bei der ganzen Sache … Gibt es keinen einfacheren Weg, den Dämonenkönig zu besiegen?«

Du springst jetzt besser nicht ab. Bist du nicht diejenige, die den Dämonenkönig am dringendsten besiegen muss?

In diesem Moment …

»*Eil-Quest! Eil-Quest!* Alle Abenteurer, die sich gerade in der Stadt aufhalten, bitte meldet euch sofort in der Gildenhalle. Ich wiederhole, bitte meldet euch in der Gildenhalle!«

Die Durchsage hallte durch die Straßen. Vielleicht verstärkten sie sie mit Magie.

»Hey, was soll das heißen, Eil-Quest? Greift ein Monster die Stadt an oder so was?« Ich war ziemlich besorgt, Darkness und Megumin dagegen waren ganz aus dem Häuschen.

»Hmm, es geht bestimmt um den Kohl«, meinte Darkness glücklich. »Bald ist Erntezeit.«

Einen langen Moment schwieg ich. Dann fragte ich dümmlich: »Hä? *Kohl?* Ist das der Name eines Monsters?«

Megumin und Darkness sahen mich mitleidig an.

»Kohl ist grün und rund«, erklärte Megumin. »Man isst ihn.«

»Es ist ein knackiges, köstliches Gemüse«, ergänzte Darkness.

»Ich weiß, was Kohl ist! Und weiter? Sie rufen eine Eil-Quest aus, damit wir alle Feldarbeit machen?«

Zugegeben, bis vor Kurzem hatte ich noch auf dem Bau gearbeitet, aber ich war doch nicht hergekommen, um auf einem Feld zu schuften.

»Ach ... Kazuma, du weißt es wahrscheinlich nicht, aber ... der Kohl hier ...« Zögerlich versuchte Aqua, mir etwas zu erklären, aber die Empfangsdame unterbrach sie mit einer lauten Ankündigung für die Abenteurer in der Halle.

»Entschuldigt bitte den plötzlichen Aufruf, aber wie einige von euch bereits erkannt haben, ist Kohlsaison! Es ist Zeit für die diesjährige Ernte! Der Kohl ist dieses Jahr ziemlich dick, deshalb zahlen wir zehntausend Eris pro Kopf! Wir haben die Stadtbevölkerung angehalten, ihre Häuser zu verlassen. Bitte fangt so viele Kohlköpfe, wie ihr könnt, und bringt sie hierher. Passt bitte auf, dass ihr bei ihren Gegenangriffen nicht verletzt werdet! Und der letzte Punkt: Da so viele Leute teilnehmen, werden wir die Belohnung erst zu einem späteren Zeitpunkt auszahlen.«

Moment! Was hat sie gerade gesagt?!

Vor der Gildenhalle war Jubel zu hören.

Ich folgte der Masse, um zu sehen, was los war, und sah einen Haufen runder grüner Objekte, die fröhlich durch die Straßen schwebten.

Während ich noch dastand und versuchte, das alles zu verarbeiten, erschien Aqua neben mir und meinte ernst: »Der Kohl hier kann fliegen. Er entwickelt mehr Geschmack, je näher die Ernte rückt, aber er wird nicht kampflos in den Kochtopf hüpfen. Auf der Flucht zum Meer zieht er durch die Städte und Felder. Es heißt, er überquert den Ozean und lebt an einem unbekannten Ort, an dem er seinen Lebensabend genießen kann, ohne gegessen zu werden. Aber wenn es uns gelingt, auch nur einen zu fangen, können wir uns eine köstliche Mahlzeit gönnen!«

»Am liebsten würde ich mich einfach zurück in den Stall schleichen und mich ins Heu hauen …«, murmelte ich vor mich hin. Neben mir schlossen sich ein paar Abenteurer, die mutiger waren als ich, mit einem Jubelschrei der Jagd an. Ihr männlicher Eifer schien vom Überlebenswillen des Kohls nur weiter angefacht zu werden.

Während sich die Abenteurer in den Kampf gegen das Gemüse stürzten, hatte ich nur einen Gedanken: *Wie traurig ist es bitte, dass ich mit Grünzeug auf Leben und Tod kämpfen soll? Ich will zurück nach Japan!*

4

Ich probierte einen Bissen des gebratenen Kohls, den sie in der Gilde servierten. »Ich versteh's nicht. Warum ist dieser simple Bratkohl so lecker? Das ergibt keinen Sinn!«

Die Ernte war glimpflich vorübergegangen, und in der ganzen Stadt probierten die Leute verschiedene Rezepte mit dem Zeug aus.

Am Ende hatte ich mich doch dazu gezwungen, bei der Kohljagd mitzumachen, weil sie gutes Geld brachte, aber dennoch fühlte ich einen Stich des Bedauerns. Ich war nicht den ganzen Weg in eine Fantasy-Welt gekommen, um gegen Gemüse zu kämpfen.

»Gut gemacht, Darkness!«, sagte Aqua. »Du bist nicht umsonst eine Paladin. Gegen deine stählerne Verteidigung hatte dieses Grünzeug keine Chance!«

»Aber nein«, wiegelte Darkness ab. »Ich bin nur zäh. Ich bin ungeschickt und nicht sehr schnell, deshalb treffe ich kaum was mit dem Schwert. Als menschlicher Schild für meine Party zu dienen, ist mein einziges Talent.« Sie hielt inne. »Deshalb hat mich Megumin auch so beeindruckt. Sie hat mit einer einzigen fantastischen Explosion alle Monster weggefegt, die dem Kohl in die Stadt gefolgt waren. Damit hast du all die anderen Abenteurer wirklich überrascht.«

»Hi hi hi. Niemand kann meinen Explosionen standhalten.« Megumin atmete tief durch. »Aber Kazuma war wirklich toll. Nachdem ich nach meinem Zauber zusammengebrochen war, ist er zu mir geeilt, hat mich aufgesammelt und in Sicherheit gebracht.«

»Stimmt«, meinte Darkness. »Als ich von der Kohlhorde und anderen Monstern niedergerungen wurde, war es Kazuma, der das Gemüse geerntet hat. Du hast mich gerettet, Kazuma, danke.«

»Ich hab gesehen, wie er sich mit seinem ›Verstecken‹-Skill getarnt hat, ihre Bewegungen mit ›Gegner erspüren‹ verfolgt hat und sie schließlich mit einer mächtigen ›Stehlen‹-Attacke angegriffen hat«, sagte Megumin. »Es war, als würde man einem Meisterassassinen zusehen.«

Endlich erklang ein *Klank*, als Aqua einen Teller mit dem besiegten Kohl auf den Tisch stellte. Die Noob-Göttin hatte die gesamte Erntezeit damit verbracht, von hier nach da zu rennen, immer dem nächstbesten Kohl hinterher, und hatte absolut gar nichts damit erreicht. Jetzt betupfte sie sich vornehm die Lippen.

»Kazuma ... bei meinem Namen verleihe ich dir hiermit den Titel ›Gutaussehender Kohldieb‹.«

»Das ist ja lächerlich! Wenn mich jemals einer so nennt, verpass ich ihm eine! Arrrrrgh! Wie konnte es nur so weit kommen?« Ich stützte meine Ellbogen auf den Tisch und vergrub mein Gesicht in meinen Händen.

Dies war ein Notfall.

»Jedenfalls ... Mein Name ist Darkness. Ich bin eine Paladin und trage ein Zweihandschwert. Aber bitte erwartet im Kampf nicht zu viel von mir. Ich bin so ungeschickt, dass ich selten einen Treffer lande. Aber ich bin sehr gut darin, ein menschlicher Schild zu sein. Ich freue mich darauf, mit euch allen auf Abenteuer zu gehen!«

Ganz genau ... unsere Party hatte ein neues Mitglied.

Aqua, die sehr zufrieden aussah, sagte: »Ha ha! Unsere Party ist langsam ganz schön beeindruckend, was? Da gibt es mich, die Hohepriesterin, Megumin, die Erzmagierin, und Darkness, eine Paladin, die ein großartiger Tank ist. Wie viele Partys gibt es wohl, in denen drei von vier Mitgliedern der höchsten Klasse angehören, hm, Kazuma? Du hast so ein Glück! Du solltest dankbar sein!«

Klar, Glück. Ich hatte eine Magierin, die nur einen Zauber pro Tag wirken konnte, einen Tank, dessen Attacken nie ihr Ziel trafen, und die dümmste und glückloseste Hohepriesterin der Welt – *die übrigens immer noch nichts Nützliches zustande gebracht hat!*

Aqua und Megumin hatten sich während der Kohljagd wirklich gut mit Darkness verstanden und sie dann unvermeidbarerweise in unsere Party eingeladen.

Normalerweise hätte ich keinen Grund, sie abzulehnen – immerhin sah sie umwerfend aus. Aber wenn Darkness sagte, dass ihre Attacken nie ihr Ziel trafen, dann meinte sie das auch so. Wirklich *nie*!

Aber sie sieht schon umwerfend aus.

Weil sie all ihre Skillpunkte in Abwehrfähigkeiten investiert hatte, hatte sie nie Fähigkeiten wie »Zweihandschwert« gelernt – mit anderen Worten, Angriffsskills, die einen die Grundlagen lehrten, um eine Waffe zu führen.

Was für eine Verschwendung bei einem Mädchen, das so cool und gleichzeitig so heiß war. Unsere Paladin hatte außerdem die seltsame Angewohnheit, sich mitten in eine Horde Monster zu werfen. Ich verstand ja, dass ein Paladin, dessen Aufgabe es war, die Schwachen zu beschützen, sich mehr als alle anderen ins Getümmel stürzen wollte, um den Menschen zu helfen, aber …

»Uh … Ohh … Als diese Kohlköpfe und Monster auf mich eingedroschen haben, konnte ich es kaum *aushalten* … Sieht so aus, als sei ich der einzige Tank, den diese Party hat, also scheut euch nicht, mich als Geisel auszuliefern oder mich als menschlichen Schild zu benutzen. Wenn ihr das Gefühl habt, ihr müsst mich einem schrecklichen Schicksal überlassen, um euch selbst aus der Gefahr zu befreien, tut euch keinen Zwang an … Mmh!

A... Allein bei der Vorstellung zittere ich ... vor Aufregung ...«
Ihre Wangen waren leicht gerötet, und sie zitterte tatsächlich ein bisschen.

Moment – jetzt hab ich's! Sie ist einfach nur 'ne ganz normale Masochistin!

Wenn ich sie jetzt ansah, sah ich kein heißes Mädel mehr vor mir, sondern nur noch eine Perverse.

»Also, Kazuma, falls ich – nein, *wenn* ich – euch mal zur Last falle, zeig bitte, bitte keine Gnade bei meiner Bestrafung. Ich freu mich darauf, mit euch zu kämpfen!«

Eine Hohepriesterin, die jeden Heilungszauber kannte, eine Erzmagierin, die die weltstärkste Magie anwenden konnte, und eine Paladin mit einer undurchdringlichen Verteidigung – auf dem Papier klang das alles perfekt. Und doch blickte ich mit Schrecken in die Zukunft.

5

Mein Abenteurerlevel stieg auf 6. Mit anderen Worten, nach der Kohljagd war ich zwei Level aufgestiegen.

Aber ich hatte sie nicht mal besiegt, sondern nur gefangen. Also warum stieg mein Level? Und überhaupt, warum in aller Welt war Kohl so viele Skillpunkte wert?

Es gab so viele Fragen. Aber wenn ich darüber nachdachte, bekam ich Kopfschmerzen, also ließ ich es lieber bleiben. Man durfte sich von den Eventualitäten dieser Welt nicht unterkriegen lassen.

Kohl war zehntausend Eris pro Kopf wert. Das lag offenbar daran, dass man Skillpunkte sammeln konnte, indem man ihn frisch aß. Anders gesagt, Abenteurer, die genug Geld hatten, konnten stärker werden, indem sie einfach aßen.

Mein neues Level bedeutete auch mehr Skillpunkte.

Herausfinden zu wollen, warum man, wenn man auflevelte, Skillpunkte bekam – etwas, das direkt aus einem RPG entnommen war –, würde mir wahrscheinlich den letzten Schlaf rauben, also versuchte ich es gar nicht erst.

Wie gesagt, man durfte das einfach nicht an sich heranlassen.

Beim Aufleveln hatte ich zwei Skillpunkte verdient. Ein Magier und ein Krieger von einer anderen Party, die ich bei der Kohljagd kennengelernt hatte, hatten mir »Einhandschwert« und »Grundstufenmagie« beigebracht. Jeder Skill hatte mich einen Punkt gekostet.

Wie der Name schon sagt, verlieh mir der »Einhandschwert«-Skill die Fähigkeit, ein Einhandschwert zu führen. Damit hatte ich durchschnittliche Fähigkeiten im Schwertkampf erlernt.

Ich hatte wieder keine Skillpunkte, aber ich wollte Magie dringender lernen als Schwertkampf. Wer kam schon in eine magische Welt und wollte dann keine Magie ausprobieren?

Mit »Grundstufenmagie« konnte man einfache Zaubersprüche anwenden, die eine Verbindung zu den vier Elementen – Feuer, Wasser, Erde und Luft – hatten. Tatsächlich waren diese Sprüche nicht stark genug, um irgendetwas zu töten oder auch nur zu verletzen. Die meisten Magier übersprangen »Grundstufenmagie«, sparten sich ihre Punkte und stiegen gleich mit »Mittelklassemagie« ein.

»Mittelklassemagie« kostete zehn Skillpunkte. Mein Magiewert war nicht besonders hoch, bei diesem Preis sollte ich also vielleicht den Wunsch, Angriffsmagie zu erlernen, lieber begraben.

Ich hatte gehört, dass manche Leute basierend auf ihren natürlichen Talenten mit einer bestimmten Anzahl von Skillpunkten begannen. Diese Genies waren nicht so selten, wie man vielleicht denken würde. Sie konnten mit zehn oder sogar zwanzig Punkten starten und so gleich eine höhere Klasse wählen.

Megumin und Darkness zum Beispiel mussten ziemlich gut aufgenommen worden sein, als sie angefangen hatten. (Aqua zählte nicht.) Während ich auf Level 1 null Skillpunkte gehabt hatte.

Nur nicht zu viel darüber nachdenken. Das macht nur depressiv.

Je mehr Skills ich erlernte, desto mehr wurde ich zu einem richtigen Abenteurer. Jetzt fehlte nur noch das Outfit.

Manchmal trug ich Kleidung, die ich in dieser Welt gekauft hatte, aber die meiste Zeit war ich einfach nur ich in meinem Trainingsanzug und hatte ein Kurzschwert umhängen. Ich brauchte dringend mehr Rüstung. Und wenn sie nur aus Leder war.

Und so …

»Warum muss ich auf deinen dummen Shoppingtrip mitkommen?«, beschwerte sich Aqua lautstark, als wir einen Rüstungsladen betraten.

»Weil du auch Ausrüstung brauchst. Ich trage vielleicht nur einen Trainingsanzug, aber guck dich doch an. Ein dünner, kleiner Federmantel?« Wie ich trug Aqua immer noch das, was sie angehabt hatte, als wir in dieser Welt angekommen waren.

Jeden Abend, nachdem sie ihren Schlafanzug angezogen hatte, wusch sie die Sachen in einem Eimer aus der Herberge – platsch, platsch, platsch –, dann hängte sie sie dort zum Trocknen auf, wo auch das Heu für die Pferde getrocknet wurde.

»Blödmann«, sagte sie beleidigt. »Du scheinst zu vergessen, dass ich eine Göttin bin. Der Federmantel ist heilig. Er ist ein einzigartiges Stück, das alle möglichen magischen Eigenschaften hat. Statusveränderungen haben keinen Einfluss auf ihn, und er ist äußerst widerstandsfähig. Das sind alles gute Dinge. Es gibt keine bessere Ausrüstung!«

Ich spielte mit dem Gedanken, ihr zu raten, ihr heiliges, göttliches Superteil vielleicht nicht beim Pferdefutter aufzuhängen.

»Hey, klingt gut. Wenn mal das Geld knapp ist, können wir das Ding verkaufen ... Ach Mist, dieser Brustpanzer ist aus Leder, aber er wäre ein guter Anfang.«

»H... Hey, das sollte doch nur ein Witz sein, oder? Dieser Mantel ist quasi der einzige Beweis, dass ich eine Göttin bin. Du würdest ihn doch nie verkaufen, oder? Oder?!«

6

»Oho! Wie es scheint, machen Kleider wirklich Leute!«

»Allerdings. Jedenfalls sieht Kazuma jetzt schon mal aus wie ein Abenteurer.«

In der Gildenhalle, die zu unserem inoffiziellen Treffpunkt geworden war, bewunderten Megumin und Darkness mein neues Outfit.

Mir lag auf der Zunge, sie zu fragen, wonach ich ihrer Meinung nach denn vorher ausgesehen hatte. Einfach nur wie irgendein Freak?

Jetzt sah ich aus, als würde ich hierhergehören. Ich hatte einen ledernen Brustpanzer und Arm- und Beinschienen aus Metall.

Aqua hatte gemeint, dass ich schon allein wegen meines Trainingsanzugs verdächtig gewirkt hätte, also hatte ich mir am Vortag ortstypische Kleidung gekauft.

Ich hatte erfahren, dass Magieskills normalerweise einer freien Hand bedurften, und da ich mir die Mühe gemacht hatte, Magie zu lernen, hatte ich mich gegen einen Schild entschieden. Ich trug nur das Schwert an meiner Hüfte, sodass sich ein Stil ergab, den ich als »Magischer Schwertkämpfer« bezeichnet hätte.

Ich hatte einen Großteil des Geldes, das ich bei meinem kleinen »Stehlen«-Duell mit Chris verdient hatte, ausgegeben, aber es war noch genug übrig, um für die nächsten ein, zwei Wochen Essen auf dem Tisch zu haben.

Und hey – ich hatte eine Rüstung, und ich hatte ein paar Skills gelernt. Jetzt wollte ich auf eine Quest gehen.

Als ich allen davon erzählte, nickte Darkness entschlossen. »Die Riesenkröten haben Paarungszeit, und viele halten sich in der Nähe der Stadt auf. Wir könnten …«

»Bitte keine Kröten mehr!«, unterbrachen sie Megumin und Aqua im Chor.

»Warum nicht? Man kann sie leicht mit einer Klinge erstechen, was sie einfach zu töten macht. Ihre einzige Attacke ist, dass sie versuchen, einen mit ihrer Zunge zu fangen. Man kann die Kadaver als Waren verkaufen, deshalb kann man gutes Geld mit ihnen verdienen. Man könnte gefressen werden, wenn man nur eine leichte Rüstung trägt, aber sie hassen Metall, also denke ich, dass Kazuma, so wie er jetzt gekleidet ist, nicht angegriffen würde. Und was euch zwei angeht, Aqua und Megumin, bin ich euer Schutzschild.«

»Oh … die beiden wurden traumatisiert, als sie vor einer Weile von Kröten gefressen wurden. Anschließend waren sie von Kopf bis Fuß vollgeschleimt. Lass gut sein, wir finden was anderes.«

Aus irgendeinem Grund hatten sich Darkness' Wangen bei meinen Worten leicht gerötet.

»Sag mir nicht, dass du diesen Gedanken erregend findest.«

»Natürlich nicht.« Verlegen wandte sie sich ab, aber ich hatte ein ungutes Gefühl. Sie würde doch nicht einfach verschwinden, um sich alleine auf die Krötenjagd zu begeben, sobald ich sie aus den Augen ließ, oder doch?

»Wenn man die Eil-Quest der Kohljagd nicht mitrechnet«, sagte ich, »ist das für uns vier unsere erste gemeinsame Quest. Es wäre schön, wenn wir was Einfaches finden.«

Megumin und Darkness gingen zum Schwarzen Brett, um zu sehen, ob irgendwelche einfachen Quests im Angebot waren.

Aqua rollte mit den Augen und meinte zu mir: »Was will man von einem introvertierten Hiki-Neet schon erwarten? Kazuma, du bist in der niedrigsten Klasse, also verstehe ich, warum du vorsichtig bist, aber denk doch auch mal an den Rest von uns. Du hast eine Party voller Abenteurer der Oberklasse! Warum suchen wir uns nicht härtere Quests, verdienen ordentlich, leveln auf – und dann heißt es: ›Tschüss, Dämonenkönig!‹ Was ich sagen will, ist, lass uns die schwierigste Mission nehmen, die wir finden können!«

Einen Moment lang war ich sprachlos. Dann antwortete ich: »Ich sag's dir nur ungern, aber ... bisher warst du nicht die geringste Hilfe!« Aqua schien über meine Worte entsetzt zu sein, aber ich beachtete sie nicht und redete weiter. »Ich bin ziemlich sicher, dass ich von dir einen supermächtigen Gegenstand oder eine Fähigkeit bekommen sollte, damit ich hier nicht in Schwierigkeiten geraten würde. Und weißt du, ich bin der Letzte, der sich beschwert, wenn er von den Göttern persönlich Geschenke bekommt. Aber hab ich nicht unter all dem Zeug, das ich hätte haben können, dich ausgesucht? Und jetzt, wo wir so weit gekommen sind, muss ich mich fragen: Hast du irgendwas für mich getan – *irgendwas* –, das besser war als dieser legendäre Schatz oder diese hammer Spezialfähigkeit, die ich hätte haben können? Na, wie sieht's aus? Als wir hergekommen sind, warst du so davon überzeugt, allmächtig zu sein, aber du hast es immer noch nicht bewiesen, du selbst ernannte *ehemalige* du weißt schon.«

»*Schnüff* … I… Ich bin keine *ehemalige* … I… Ich bin immer noch eine … eine Göttin«, protestierte Aqua.

Ich brüllte jetzt praktisch. »›Göttin‹? Du?! Eine Göttin würde ihrem Helden zur Seite stehen! Sie würde selbst gegen den Dämonenkönig kämpfen und ihn in Schach halten, bis der Held bereit ist! Und was hast *du* auf unserer Kohljagd gemacht? Okay, irgendwie hast du ein paar ergattert, aber alles, was ich gesehen habe, ist, wie du heulend rumgerannt bist, während der Kohl dich gejagt hat! Welche Gottheit lässt sich bitte von einer Suppeneinlage fertigmachen? Das Einzige, was du kannst, ist, dich von Kröten fressen zu lassen. Deine einzigen Fähigkeiten sind dumme Partytricks – und du nennst dich Göttin?!«

»Määäääh!«

Zu sehen, wie Aqua sich über den Tisch warf und heulte, gab mir eine kleine Genugtuung. Ich hatte meine Rache dafür, dass sie sich über mich lustig gemacht hatte, bekommen.

Aber wie es schien, war Aqua nicht bereit, die Sache auf sich beruhen zu lassen. Sie sah vom Tisch auf und erklärte: »Ich … ich kann eine Menge nützliche Dinge! Ich kann Heilmagie und … Heilmagie und – Heilmagie! Also, wie sieht's aus, Hiki-Neet? Was denkst du, wie lange es auf diese Art dauern wird, den Dämonenkönig zu besiegen, hm? Wenn du irgendeine Idee hast, immer raus damit!«

Sie hält sich ja für so clever.

Aqua starrte mich aus verheulten Augen an.

Ich grinste. »Ich hab jeden Tag die Schule geschwänzt, um zu Hause zu bleiben und an meiner Profi-Gamer-Karriere zu arbeiten. Denkst du wirklich, ich wüsste nicht, wie man das anstellt?«

»Du warst Profi-Gamer?«

»Nein, aber es klingt gut. Hör zu, Aqua. Ich hab vielleicht keine unglaublichen Fähigkeiten wie die Protagonisten normalerweise in solchen Geschichten. Aber ich hab das Wissen, das ich in Japan gelernt hab. Deshalb dachte ich, vielleicht könnte ich einfache japanische Produkte herstellen, irgendwas Traditionelles, das es hier nicht gibt, und verkaufen. Schließlich hab ich großes Glück, stimmt's? Selbst das Mädchen, das unsere Anmeldung bearbeitet hat, meinte, ich sollte in den Handel gehen. Das hat mich nachdenklich gemacht. Vielleicht sind Abenteuer nicht der einzige Weg, wie man hier Geld verdienen kann. Wir können auch andere Wege einschlagen. Solange wir Geld haben, sollte es nicht allzu schwer sein, an Skillpunkte zu kommen. Wir können Kohl kaufen oder was immer einem sonst noch Skillpunkte verleiht, indem man es einfach nur isst, und so stärker werden.«

Natürlich hatten die anderen Japaner hier dasselbe Wissen wie ich. Aber im Gegensatz zu mir hatten sie die Spezialkräfte genommen, wie es vorgesehen war. Sie kämen nicht auf die Idee, etwas so Profanes zu tun, wie handgemachte Produkte zu verkaufen – sie waren viel zu konzentriert auf ihre Quests.

Der Gewinn, den man mit Abenteuern machen konnte, schien mir nicht sehr hoch zu sein. Bisher war ich nur auf einer Kröten- und einer Kohljagd gewesen, aber wenn ich mir die Quests am Brett so ansah, schien nichts eine Belohnung abzuwerfen, die im Verhältnis zum Risiko stand. Das Leben war hier einfach nichts wert.

Klar erwähnte ich ihretwegen vor Aqua immer mal wieder den Dämonenkönig, aber um ehrlich zu sein, dachte ich nicht ernsthaft daran, ihn zu besiegen. Also musste ich stattdessen herausfinden, wie man in dieser Welt mit dem geringsten Aufwand und dem größten Komfort leben konnte.

»A… Also, denk du auch mal nach! Überleg dir was Einfaches, das wir verkaufen können! Und bring mir endlich bei, wie deine Regenerationsmagie funktioniert! Ich will in der Lage sein, zu heilen, wenn ich genug Skillpunkte hab!«

»Nein! Nicht meine Heilmagie! Dann verliere ich meine Existenzberechtigung! Solche Zauber musst du nicht lernen! Du hast doch mich! Nein!« Sie warf sich auf den Tisch und jammerte darüber, dass ich ihr die einzige Sache wegnehmen wollte, die ihrem Leben einen Sinn gab.

Und so fanden uns Megumin und Darkness, als sie zurückkamen.

»Was ist denn hier los?«, fragte Megumin. »Du kannst manchmal ganz schön grausam sein, Kazuma. Du würdest wahrscheinlich jedes Mädchen zum Weinen bringen, wenn du ihr sagst, was du wirklich fühlst.«

»Hmm …«, machte Darkness. »Wenn du ein bisschen Stress abbauen musst, warum lässt du Aqua nicht in Ruhe und beleidigst stattdessen mich?« Sie hielt inne. »Schließlich ist es die Pflicht eines Paladins, für andere in die Bresche zu springen.«

Beide sahen Aqua an, die immer noch heulte. Sie schien zu bemerken, dass alle sie anstarrten, und vergrub ihr Gesicht in ihren Armen. Nur gelegentlich linste sie dazwischen hervor, um mich anzufunkeln. Es war ziemlich nervig.

»Ignoriert sie einfach. Aber Darkness …« Ich blickte sie an. »Ich hatte ja keine Ahnung, dass du unter all dieser Rüstung so schmal bist.« Sie trug nur ein schwarzes Top, einen engen schwarzen Rock und Lederstiefel. Das große Schwert hatte sie immer noch auf dem Rücken, wodurch sie weniger wie ein Ritter und mehr wie ein einfacher Krieger aussah.

Offenbar war ihre Rüstung in der Werkstatt, nachdem sie bei der Kohljagd beschädigt worden war. Ich musste feststellen, dass ich mit der nun schutzlosen Darkness sanfter sprach.

Ihr Körper war an den Stellen prall, die bei einer Frau prall sein sollten, sie war sehr wohlproportioniert. Ganz ehrlich, ich fand sie schon heiß.

Und wenn sie neben Megumin stand, unterstrich das nur, wie gut gebaut Darkness war. Ich fing an zu denken, dass ich bei einem so süßen Gesicht und einem so heißen Körper vielleicht über einige ihrer Macken hinwegsehen könnte ...

»Oh!«, rief sie. »Hast du gerade gesagt: ›Wie kann diese Schlampe einen so geilen Body haben‹?«

»Nein, hab ich nicht!« Ich blickte zu Megumin und Aqua.

Okay, ich nehm alles zurück. Egal wie heiß sie ist, Persönlichkeit ist wichtiger als alles andere.

Dann beschwerte sich Megumin: »Hey! Erklär mir sofort, was dieser Blick zu bedeuten hatte, den du mir grade zugeworfen hast!«

»Er hat gar keine Bedeutung. Ich hab nur gedacht: ›Ein Glück, dass ich nicht auf kleine Mädchen steh.‹«

»Wir vom Clan des Roten Dämons nehmen jeden Kampf an!«, sagte Megumin und zog an meinem Ärmel. »Also klären wir die Sache vor der Tür ...«

»Ähm, wie dem auch sei ...«, schaltete sich Darkness ein. »Wenn wir eine Quest bestreiten, warum dann nicht eine, bei der Aqua ein bisschen aufleveln kann?«

»Was meinst du?«, fragte ich. »Ist eine im Angebot, die das zu bieten hat?« Außerdem hatte Aqua mit ihren Startpunkten sowieso praktisch jeden Skill gelernt, den es für sie gab, ich fand also nicht, dass sie sich ums Aufleveln allzu große Sorgen machen musste.

»In der Regel ist es für Priester schwierig, aufzuleveln, weil sie kaum Angriffsfähigkeiten haben. Sie können nicht einfach losrennen und etwas töten wie ein Krieger oder mit einem Zauber zu Hilfe eilen wie ein Magier. Deswegen jagen Priester am liebsten die Untoten. Das sind unsterbliche Monster, die sich gegen die Gebote der Götter gewandt haben. Die Macht des Göttlichen hat einen gegenteiligen Effekt auf die Untoten. Wenn man sie mit Heilmagie trifft, tötet sie das.«

Jetzt, wo ich darüber nachdachte, klang das vertraut. In den meisten Videogames war es ähnlich: Regenerationsmagie funktionierte als Angriff gegen untote Gegner.

Aber ich weiß nicht, würden ein paar Level mehr dieser Noob-Göttin wirklich helfen?

Dann hatte ich eine Eingebung. Wenn ich auflevelte, stiegen auch meine Werte. Würde das bei Aqua auch so sein?

Sie lag immer noch auf dem Tisch, weinte Krokodilstränen und blickte immer mal wieder auf, um zu sehen, ob wir ihr Beachtung schenkten. Wenn diese Idiotin auflevelte, würden dann auch ihre Intelligenzwerte ein bisschen steigen? Das wäre der effektivste Weg, sie im Kampf nützlicher zu machen.

»Hey, das ist gar keine schlechte Idee«, entschied ich. »Aber deine Rüstung ist noch nicht aus der Werkstatt zurück, Darkness …«

Darkness verschränkte die Arme und erklärte: »Ähem! Das ist überhaupt kein Problem! Nicht ohne Grund ist Verteidigung meine Spezialität. Selbst ohne Rüstung bin ich härter als Adamantit! Außerdem mag ich es lieber, wenn ich die Schläge schutzlos spüren kann.«

»Hast du grade gesagt, du stehst drauf, geschlagen zu werden?«

»Nein ...«

»Hast du wohl.«

»Gar nicht.« Stille. »Also, Aqua, willst du's probieren?« Sie sah unsere Hohepriesterin an, die immer noch das Gesicht in ihren Armen vergraben hatte.

»Hey, hock da nicht einfach nur rum und flenn – sag was! Es geht hier um dein Level!« Ich streckte den Arm aus, um ihr auf die Schulter zu schlagen.

Aber dann fiel mir auf ...

»Rrrrrratz ...«

Sie hatte sich müde geheult und war dann eingeschlafen.

War sie eine Göttin oder ein Kleinkind?

7

Wir waren auf einem Hügel vor der Stadt. Es war ein Armenfriedhof für jene, die mittellos gestorben waren oder niemanden hatten, der sie begraben konnte. Hier waren Erdbestattungen üblich – ohne Sarg direkt unter die Erde.

Unsere Quest war, mit den untoten Monstern fertigzuwerden, die auf dem Friedhof ihr Unwesen trieben.

Die Sonne ging gerade unter. Wir hatten unser Camp aufgeschlagen und warteten darauf, dass es dunkel wurde.

»Hey, Kazuma! Das war mein Fleisch! Ich hab hier noch köstliches gegrilltes Gemüse – iss was davon!«

»Diese Kohljagd hat mir irgendwie den Appetit auf Gemüse verdorben. Ich hab immer Angst, dass es wegfliegen oder aus dem Topf springen könnte, wenn ich versuche, es zu kochen.«

Wir hatten in der Nähe des Friedhofs einen Grill aufgebaut und Abendessen gemacht, während wir warteten. Das mag unvorsichtig klingen, wo wir doch eigentlich auf Monsterjagd waren, aber dieses Mal drehte sich unsere Mission um einen Zombienator, ein Wesen mit niedrigem Level. Es war eine Art böser Geist, der Zombies kontrollierte. Der Zombienator selbst fuhr in die beste Leiche und hatte dann noch mehrere untote Handlanger.

Wir hatten die Quest angenommen, weil wir gehört hatten, dass sogar Anfängerpartys mit Zombienatoren fertigwerden konnten. Vielleicht wäre das auch für Darkness ohne ihre Rüstung weniger riskant.

Mit angenehm vollem Bauch schüttete ich etwas Kaffeepulver in eine Tasse. Mit einem einfachen Zauberspruch namens »Wasser erschaffen« füllte ich die Tasse, und mit einem weiteren namens »Glut« entfachte ich ein Feuer, um das Wasser zu erhitzen. Diese Sprüche der »Grundstufenmagie« hatte ich bei der Kohljagd von einem Magier gelernt.

»Glut«, wie der Name schon sagte, wurde benutzt, um Feuer zu entfachen. Man konnte niemanden damit verletzen, aber es war auf jeden Fall praktischer als ein Feuerzeug.

Mit einem verwirrten Blick streckte Megumin mir ihre leere Tasse hin. »Kann ich auch Wasser haben? Ich muss sagen, ich bin überrascht, Kazuma. Du kennst mehr Sprüche als ich. Die meisten Leute überspringen ›Grundstufenmagie‹, aber bei dir sieht sie ziemlich nützlich aus.«

Ich sprach »Wasser erschaffen« über Megumins Tasse.

»Ich dachte, dafür sei ›Grundstufenmagie‹ gedacht. Ach ja. *Erde erschaffen.* Wofür ist das gut?« Ich streckte meine Handfläche aus, die voller Sand war. »Grundstufenmagie« umfasste Sprüche im Zusammenhang mit den vier Elementen, aber bei dem Erdspruch hatte ich keine Ahnung, wozu er gut sein sollte.

»Oh … Ich habe gehört, die Erde ist besonders reichhaltig, um Pflanzen darin zu züchten. Das ist alles.«

Da schaltete sich Aqua ein: »Pflanzen züchten, hm? Wie sieht's aus, Kazuma? Willst du jetzt unter die Bauern gehen? Du kannst deine eigenen Felder erschaffen *und* für die Bewässerung sorgen! Du bist quasi wie dafür gemacht! Pffft! Ha ha ha!«

Ich streckte meine erdbedeckte Hand in Aquas Richtung und machte eine Geste mit meiner linken Hand. *»Windhauch!«*

»Aaaah! Meine Augen!«

Ein Windstoß blies den Dreck direkt in Aquas Gesicht. Die Göttin wand sich mit Sand in den Augen auf dem Boden.

»Hm, so wendet man das also an.«

»Nein, tut man nicht! So ist das bestimmt nicht gedacht! Und wie kann es überhaupt sein, dass du in Anfängermagie besser bist als eine richtige Magierin?«

8

»Irgendwie ist mir kalt. Kazuma, hieß es in der Quest-Beschreibung nicht, dass wir einen Zombienator suchen sollen? Ich glaube nicht, dass es so einfach ist … Ich hab das ungute Gefühl, dass da eine viel schlimmere Sorte Untote auf uns wartet …«, meinte Aqua mit zitternder Stimme.

Der Mond war aufgegangen, es war mitten in der Nacht.

»Hey, beschrei es nicht. Wir sind hier, um einen Zombienator auszuschalten. Dann begraben wir die Zombies wieder, gehen in den Stall zurück und schlafen. Und *wenn* irgendwas Seltsames passiert und die Dinge nicht nach Plan verlaufen, springen wir gleich zu dem Teil, wo wir nach Hause gehen, okay?«

Alle nickten.

Es war fast an der Zeit. Wir gingen auf den Friedhof zu. Ich übernahm die Führung und setzte den »Gegner erspüren«-Skill ein, den ich von Chris gelernt hatte.

Aquas Worte beschäftigten mich, aber nicht zu sehr. Schließlich gab sie immer irgendwelchen nutzlosen Unsinn von sich.

Na ja, *fast* immer …

Hm?

»Ich spüre ein Prickeln. ›Gegner erspüren‹ funktioniert. Da sind eins, zwei, drei …«

Hm? Das waren viel zu viele.

Okay, wir hatten gehört, dass ein Zombienator zwei, drei Zombieunterlinge haben konnte. Das war also innerhalb der Toleranzgrenze.

Während ich das noch dachte, erstrahlte ein blauweißes Licht über dem Friedhof.

Was ist das?

Es war ein seltsames, magisches Blau. Es schien irgendwie weit entfernt zu sein und sah aus wie ein Zauberkreis. Und neben dem Kreis stand eine Gestalt in einer schwarzen Robe.

»Seltsam … Ich glaube nicht … dass das ein Zombienator ist«, flüsterte Megumin unsicher.

Mehrere menschliche Gestalten umringten die Person in der Robe.

»Gehen wir rein? Das ist vielleicht kein Zombienator, aber jeder, der sich um diese Zeit auf einem Friedhof rumtreibt, muss ein Untoter sein. Solange wir unsere Hohepriesterin haben, wird uns schon nichts passieren.« Darkness war unruhig und hielt ihr großes Schwert vor der Brust.

Beruhig dich endlich.

Dann verlor Aqua die Nerven. »Aaaaaaaah!«, schrie sie plötzlich und dann, bevor ich wusste, was in ihrem Kopf vorging, rannte sie auf die Gestalt in der Robe zu.

»Wa…? Hey, warte!«

Sie schien mich nicht zu hören. Stattdessen deutete sie mit einem anklagenden Finger auf die mysteriöse Gestalt, als sie ihr näherkam. »Wie kann eine Lich es wagen, hier so schamlos ihr Gesicht zu zeigen?! Dafür wirst du bezahlen!«

Eine Lich?

Das war ein untotes Monster, das zusammen mit Vampiren und dergleichen ganz oben in der Hackordnung stand. Sie waren bekannt als Könige der Untoten, Großmagier, die die Grenzen der Magie überschritten und dann ihre natürlichen Körper durch geheimnisvolle Rituale abgelegt hatten. Im Gegensatz zu normalen Untoten, die so geworden waren, weil sie einen tiefen Groll hegten oder diese Welt nicht loslassen konnten, waren Lich unheilige Kreaturen, die bewusst die Gesetze der Natur gebrochen hatten.

Im Grunde genommen hätte man so etwas als Endgegner erwartet. Und hier waren wir und blickten einem ins Auge …

»Ieeek! A… A… Aufhören! Wer bist du? Und warum versuchst du, meinen Zauberkreis kaputt zu machen? Aufhören! Bitte hör auf!«

»Halt dein untotes Maul! Ich bin sicher, mit diesem Kreis führst du nichts Gutes im Schilde! Spuck's aus! Gestehe!«

Unser Gegner, der Furcht einflößende Feind, der Endgegner, klammerte sich weinend an Aquas Beine und versuchte, sie davon abzuhalten, den Zauberkreis zu zertrampeln. Die Untoten, die die Lich (?) kontrollierte, taten nichts, um einzugreifen. Sie starrten die beiden nur dümmlich an.

Alsooo ... was jetzt?

Egal wie, wir hatten wohl keinen Zombienator vor uns.

Aqua brüllte immer noch was von einer Lich, aber das angeblich so mächtige Monster sah eher aus wie ein kleines Mädchen, das von einem Schläger gemobbt wurde.

»Hör auf! Bitte hör auf! Der Kreis hilft verirrten Seelen, den Weg in den Himmel zu finden! Sieh doch! Siehst du all die Seelen, die in dem Kreis aufsteigen?«

Es stimmte: Bläulich-weiße menschenähnliche Gestalten erschienen aus dem Nichts, betraten den Kreis und schwebten in einem bläulichen Licht gen Himmel.

»Deine Nettes-Mädchen-Show ist ziemlich überzeugend, Lich. Aber warum lehnst du dich nicht zurück und überlässt das einer Hohepriesterin? Warum sich die Mühe mit einem Zauberkreis machen, wenn ich mich auf einen Schlag um den ganzen Friedhof kümmern kann?«

»Waaa...? Halt! Stopp!« Bei Aquas Ankündigung wurde die Lich noch panischer.

Aqua ignorierte sie. Sie breitete die Arme aus und rief: *»Untote erlösen!«*

Ein weißes Licht ging von Aqua aus und schloss den gesamten Friedhof ein. Kaum hatte das Licht die Zombies der Lich berührt, da lösten sie sich auch schon auf. Als es die menschlichen Seelen erreichte, die sich in dem Kreis versammelt hatten, lösten auch diese sich auf.

Und dann erreichte das Licht die Lich ...

»Kyaaahhh! Mein ... mein Körper verschwindet! Aufhören! Bitte hör auf! Ich werde geläutert! Ich bin noch nicht fürs Jenseits bereit!«

»Ah ha ha ha! Du närrisches Lichweib! Missachterin der Gesetze der Natur! Untote Abscheulichkeit, die sich dem Willen der Götter widersetzt! Nicht ein einziges Staubkorn wird von dir übrig bleiben!«

»Hey, jetzt lass sie doch endlich in Ruhe!« Mit dem Griff meines Schwerts versetzte ich Aqua einen Klaps auf den Hinterkopf.

»Hä?! Au! Was soll das?!«

Der Schlag auf den Kopf musste ihre Konzentration gestört haben, denn das weiße Licht verschwand. Aqua drehte sich mit Tränen in den Augen zu mir um und hielt sich den Kopf.

Als Darkness und Megumin uns erreichten, ignorierte ich Aquas Versuche, mich zu erwürgen, und redete stattdessen mit der Lich, die zitternd am Boden saß. »H... Hey, geht es dir gut, ähm ... Lich? Kann ich dich Lich nennen?« Ich konnte sehen, dass ihre Beine, wo sie angefangen hatte, sich aufzulösen, leicht transparent waren. Langsam wurden sie wieder normal, und sie kam unsicher auf die Füße.

»M... M... Mir geht's gut ... D... Das war knapp. Danke, dass du mich gerettet hast! D... Du hast recht, ich bin eine Lich. Mein Name ist Wiz.« Während sie sprach, schlug sie ihre Kapuze zurück. Das Mondlicht erhellte ihr Gesicht, das ganz normal menschlich aussah, wie jemand um die zwanzig. Braunes Haar rahmte ihr Gesicht ein. Sie war sogar ziemlich hübsch.

Irgendwie hatte ich mir vorgestellt, eine Lich würde aussehen wie ein Skelett oder so was.

Wiz' Robe war pechschwarz, ganz wie man es von einem bösen Zauberer erwartete. Moment – galt sie überhaupt als böser Zauberer, wenn sie doch eine Lich war?

»Ähm, Wiz … was genau machst du hier? Ich meine, auf einem Friedhof mitten in der Nacht. Du hast was davon gesagt, dass du Seelen in den Himmel schicken wolltest? Aqua mag ein bisschen vorschnell sein, aber ich stimme ihr zu, dass das nicht wie etwas klingt, was eine Lich tun würde.«

»Vorsicht, Kazuma! Wenn du mit dieser Missgeburt redest, wirst du auch geuntotet! Lass mich ›Untote erlösen‹ bei ihr anwenden.« Wütend kam Aqua auf die Füße und war bereit, ihren Zauber auf Wiz zu wirken.

Wiz versteckte sich hinter meinem Rücken und sah sowohl verängstigt als auch entsetzt aus. Dann sagte sie: »J… Ja, wie du sehen kannst, bin ich eine Lich. Eine Königin der Untoten. Und weil ich eine Herrscherin über die Untoten bin, kann ich die Schreie verirrter Seelen hören. Das hier ist ein Armenfriedhof. Die meisten Leute hier waren zu arm, um ein anständiges Begräbnis zu bekommen. Jetzt treiben sie sich jede Nacht zwischen den Gräbern herum, nicht in der Lage, in den Himmel aufzusteigen. Da sie mir unterstehen, komme ich regelmäßig her, um den armen Seelen zu helfen, die in den Himmel wollen.«

Boah, das … das geht echt ans Herz.

Sie war eigentlich ein wirklich guter Mensch. Abgesehen von ein paar Ladenbesitzern war sie vielleicht sogar der erste gute Mensch, der mir hier bisher begegnet war.

Na ja, ich schätze, sie war nicht wirklich ein *Mensch* im eigentlichen Sinn.

»Das ist wirklich ehrenwert, aber … solltest du das nicht lieber den Priestern der Stadt überlassen? Also, nur vielleicht nicht Aqua.«

Unbehaglich bemerkte Wiz Aquas Frustration, bevor sie antwortete: »Na ja, weißt du … die Priester dieser Stadt, die … die interessieren sich nur fürs Geld. Die Armen werden vergessen …«

Kein Wunder, dass sie sich unbehaglich fühlte, wenn ein Hohepriester – und dann auch noch Aqua – neben ihr stand.

»Anhänger des allmächtigen Mammons, was?«, sagte ich. »Ich wette, die würden lieber sterben, als eine Zeremonie auf einem Armenfriedhof abzuhalten – entschuldige die Ausdrucksweise.«

Alle starrten Aqua schweigend an, die unserem kollektiven Blick nervös auswich.

»Tja, da kann man wohl nichts machen«, fuhr ich fort. »Aber könntest du vielleicht aufhören, all diese Zombies zu erwecken? Wir sind hergekommen, weil wir dachten, wir seien einem Zombienator auf der Spur.«

Wiz schienen meine Worte zu beunruhigen. »Oh … Verstehe … Aber ich erwecke sie nicht direkt. Wenn ich hierherkomme, reagieren die Geister, die immer noch einen Körper haben, einfach auf mein Mana und kommen von alleine raus. Wenn ich allerdings wüsste, dass jemand den verlorenen Seelen hilft, müsste ich nicht mehr herkommen …« Sie machte eine lange Pause. »Was soll ich nur machen?«

9

Wir kamen gerade vom Friedhof zurück.

»Das seh ich nicht ein!« Aqua war immer noch wütend. Es dämmerte bereits.

»'tschuldigung. Sie war so lieb. Wie könntest du sie vernichten wollen?«

Wir hatten beschlossen, die Lich gehen zu lassen. Und wir hatten uns darauf geeinigt, dass Aqua, die ohnehin mehr als genug Zeit hatte, immer mal wieder auf den Friedhof gehen würde, um die verirrten Seelen auf den richtigen Weg zu führen.

Aqua mochte eine ziemlich beschissene Göttin sein, aber selbst sie verstand, dass es zu ihren Aufgaben gehörte, verlorenen Seelen und den Untoten zu helfen. Auch wenn sie sich darüber beschwerte, dass sie nie wieder würde schlafen können.

Darkness und Megumin, denen die Vorstellung, ein Monster laufen zu lassen, ursprünglich gar nicht gefallen hatte, hatten eingelenkt, als sie erfahren hatten, dass Wiz nie jemanden angegriffen hatte.

Ich blickte auf den Zettel, den Wiz mir gegeben hatte, und murmelte: »Eine Lich nistet sich in der Stadt ein, und niemanden interessiert es? Tolle Sicherheitsvorkehrungen.«

Auf dem Zettel stand ihre Adresse. Wie sich herausstellte, lebte sie genau wie wir in Axel. Tatsächlich hatte sie einen kleinen Laden für Magiezubehör.

Als ich erwähnt hatte, dass ich mir immer vorgestellt hatte, dass Liche in irgendwelchen tiefen Dungeons lebten, hatte sie gemeint, dass Dungeons schrecklich unpraktisch seien und es keinen vernünftigen Grund gebe, extra in einen zu ziehen.

Ich verstand, was sie meinte: Liche waren auch mal Menschen gewesen.

Aber auch wenn ich es verstand, hatte dieser Ort meine Vorstellungen von Fantasy-Welten ganz schön auf den Kopf gestellt. Er hatte nichts mit dem gemein, was meine Games mich gelehrt hatten.

»Jedenfalls bin ich froh, dass alles ein friedliches Ende gefunden hat. Auch wenn wir Aqua auf unserer Seite hatten, standen wir immer noch einer Lich gegenüber. Wenn es zu einem Kampf gekommen wäre, wären Kazuma und ich mit Sicherheit gestorben«, sagte Megumin beiläufig.

Ich hätte mich fast verschluckt. »Eh? Sind Liche wirklich so gefährlich? Hätte es wirklich so brenzlig werden können?«

»›Brenzlig‹ trifft es nicht mal ansatzweise. Liche haben die ultimative ›Magieabwehr‹, und nur verzauberte Waffen können sie verletzen. Sie können eine Vielzahl von Statusveränderungen hervorrufen, indem sie einen nur berühren, oder sie können dein Mana und deine Lebensenergie absorbieren. Das sind wahrhaft legendäre Monster. Mich überrascht ehrlich gesagt, dass Aquas ›Untote erlösen‹-Spruch überhaupt bei ihr funktioniert hat.«

Ein gutes Argument. Immerhin standen Liche an der Spitze der Untoten.

Ich hatte ihre Visitenkarte gerne angenommen, weil sie versprochen hatte, dass sie mir ein paar Lich-Fähigkeiten beibringen würde, aber ... wenn ich zu ihr ging, überlegte ich, sollte ich wohl besser zusehen, dass Aqua mich begleitete.

»Kazuma, gib mir die Visitenkarte. Ich geh zu ihrem Haus, bevor sie wieder da ist, und errichte eine heilige Barriere darum. Das wird ihr eine Lektion sein!«

»W... Würdest du damit aufhören?« Andererseits, vielleicht sollte ich Aqua doch lieber zu Hause lassen.

Darkness unterbrach meine Grübeleien mit der Frage: »Und was ist jetzt mit unserer Zombienator-Quest?«

Mit einem Seufzen machten wir alle im Chor: »Ups!«

Quest gescheitert.

Kapitel 3

Auf dass die selbst ernannte Göttin an diesem See ihre erste Schlacht schlagen muss!

»Hey, habt ihr gehört? Einer der Generäle des Dämonenkönigs soll in dieses Schloss auf dem Hügel vor der Stadt gezogen sein.«

Ich saß in einer Ecke der Gildengaststube und hatte den ganzen Nachmittag mit dem Typen neben mir getrunken und gequatscht.

Also, ich hatte zwar *getrunken* – aber keinen Alkohol. Während ich mit dem Typen redete, war das Getränk meiner Wahl Neroid Fizzizz.

Was Neroid ist, fragt ihr? Oder Fizzizz?

Es war das Lieblingsgetränk derjenigen, die nicht oft Alkohol tranken, also wollte ich es aus Neugier auch mal probieren.

Aber …

Wenn mich jemand gefragt hätte, ob es gut sei, hätte ich antworten müssen: *Ähm … weiß nicht.*

Aber zumindest wusste ich jetzt, was Fizzizz war. Das Gefühl beim Trinken war sehr *Fizzizz.* Es war keine Kohlensäure. Ich wusste nicht, was Fizzizz bedeuten sollte, aber es war auf jeden Fall die richtige Beschreibung.

Ich trank meine Neroid aus und stellte das Glas auf den Tisch.

»Einer der Generäle des Dämonenkönigs? Klingt nach Ärger, aber was hat das mit uns zu tun?«

»Verdammt richtig.« Er lachte über meine desinteressierte, unbesorgte Reaktion.

Überraschend viele Leute hingen einfach nur in der Abenteurer-Gilde rum und quatschten, und man konnte eine Menge interessante Dinge erfahren. Da und da war ein gefährliches Monster gesichtet worden, man sollte sich also besser erst mal von Quests in dieser Gegend fernhalten. Dieses Monster hasste den Duft von Zitronen. Wenn man sich also mit Zitronensaft einrieb, griff es einen nicht an. Solche Dinge.

Ehrlich gesagt hatte ich, seit ich in dieser Welt angekommen war, alle Hände damit voll gehabt, meinen Lebensunterhalt zu verdienen. Das war das erste Mal, dass ich mir auf diese Art Informationen beschaffte. In einem Videospiel war Informationensammeln eine der wichtigsten Methoden, um mehr über neue Wendungen in der Story zu erfahren. Teil der Unterhaltungen in der Gaststube zu sein, gab mir das Gefühl, ein echter Abenteurer zu sein, und das war aufregend.

Der Mann gegenüber von mir meinte: »Na, jedenfalls solltest du dich besser von dem alten Schloss im Norden fernhalten. Ich weiß nicht, was der General des Dämonenkönigs da draußen will. Das hier ist ja nicht die Hauptstadt oder so was. Wenn er ein General ist, glaubst du, er ist ein Oger oder ein Vampir? Oder vielleicht ein Erzdämon oder ein Drache? Wie auch immer. Ich bin sicher, er könnte jede unserer Partys im Handumdrehen auslöschen. Bleibt einfach weg von dem Schloss – ist gesünder.«

Ich dankte dem Mann und stand auf. Ich wollte zu meiner eigenen Party zurückgehen, aber ...

»Was? Warum seht ihr mich so an?«

Aqua, Darkness und Megumin knabberten an Gemüsesticks, die in einem Glas auf dem Tisch standen, und beobachteten mich.

»Nichts«, sagte Aqua und wandte unsicher den Blick ab. »Ich mein, offensichtlich machen wir uns keine Sorgen, dass du dir eine andere Party suchen könntest oder so was.«

»Hä? Hör mal, Informationen zu sammeln, gehört zum Einmaleins der Abenteurer.« Ich setzte mich zu ihnen an den Tisch und griff nach einem Gemüsestick.

Die Sticks duckten sich weg.

Oh Mann ...

»Was machst du denn, Kazuma?« Aqua versetzte dem Tisch einen kräftigen Schlag, sodass die Gemüsesticks überrascht hochsprangen. Sie schnappte sich den für den Moment bewegungsunfähigen Snack und steckte ihn sich in den Mund.

»Hmm. Du schienst dich ja gut zu amüsieren. Hast du dich gut amüsiert, Kazuma? Auf jeden Fall schienst du eine Menge Spaß zu haben, während du mit dem Typen von der anderen Party gequatscht hast ...« Megumin schlug mit der Faust auf den Tisch, packte eins der erschrockenen Gemüse und aß es.

»Was ist das für ein komisches neues Gefühl? Zu sehen, wie sich Kazuma so gut mit einer anderen Party versteht ... weckt in mir so ein Kribbeln. Ein Gefühl, das ich nicht ganz einordnen kann. Ist es das Gefühl, betrogen zu werden?« Unsere hauseigene Perverse brabbelte weiter komisches Zeug vor sich hin, während sie den Rand des Glases anschnipste und einen der Sticks ergriff.

»Was ist mit euch los? Ich dachte, jeder Abenteurer versucht, den neuesten Klatsch aufzuschnappen.« Während ich sprach, schlug ich auf den Tisch und griff nach einem ...

Schwupp!

»Gaaaaaaahhhhhhh!«

Nachdem es mir nicht gelungen war, den Gemüsestick zu fangen, packte ich stattdessen das Glas und wollte es gegen die Wand werfen, doch Aqua hielt mich hastig zurück. »Hör auf! Hör auf damit! Was machst du denn mit meinen Gemüsesticks? Hör auf, Essen zu verschwenden!«

»Denkst du, ich lass mich von einem Gemüsestick fertigmachen?! Und warum rennen die Dinger überhaupt immer weg, hm? Können die nicht was bringen, das schon tot ist?«

»Wovon redest du? Gemüse ist wie Fisch – je frischer, desto besser. Du kennst das doch, dass man in Japan manchmal noch lebenden Fisch serviert. Das ist das Gleiche.«

Ist es nicht. Das hier *ist Gemüse.*

Ich gab es auf, eins von den Teilen essen zu wollen.

»Hmm ... Na schön. Vergiss das Gemüse. Ich wollte euch was fragen. Ich hab überlegt, welchen Skill ich lernen soll, wenn ich das nächste Mal auflevel. Um ehrlich zu sein, ist diese Party total unausgewogen, und da ich alles lernen kann, würde ich gerne ein paar der Lücken in unserer Aufstellung schließen.« Ich hielt inne. »Also, welche Skills habt ihr?«

Wenn man effizient Quests bestehen wollte, musste man sicherstellen, dass die Fähigkeiten der Party-Mitglieder einander ergänzten. Deswegen hatte ich dieses Thema angesprochen.

»Ich habe ›Physische Abwehr‹ und ›Magieabwehr‹ und Abwehrskills gegen jede Statusveränderung. Oh, und außerdem noch ›Lockvogel‹«, sagte Darkness.

»Willst du nicht so was wie ›Zweihandschwert‹ lernen, damit deine Treffsicherheit steigt?«

»Nee. Ich will nicht angeben, aber meine Lebenspunkte und Stärke sind hoch. Wenn ich in der Lage wäre, die Monster tatsächlich die meiste Zeit zu treffen, würde ich sie vielleicht besiegen, bevor sie die Chance hätten, mich zu treffen. Ich könnte mich zurückhalten und absichtlich Treffer kassieren, aber ... das ist nicht dasselbe. Wenn ich mein Schwert schwinge, so hart ich kann, aber es reicht einfach nicht und sie überwältigen mich ... das fühlt sich einfach soo gut an, verstehst du?«

»Nein, tu ich nicht. Und ich hab genug gehört.«

»Mmh! Er fragt nach meiner Meinung, und dann stutzt er mich zurecht!« Darkness lief rot an, und sie atmete schwer.

Ich ignorierte sie. Als ich mich Megumin zuwandte, legte sie fragend den Kopf schräg. »Offensichtlich habe ich Skills, die mit Explosionen zu tun haben. Den Zauberspruch ›Explosion‹ plus Skills, die die Wirkung von Explosionsmagie verstärken, dazu Hochgeschwindigkeitsbeschwörungen und so weiter. Alles, was ich brauche, um die mächtigsten magischen Feuerstöße abzugeben. Das ist das Einzige, was je meine Skill-Wahl beeinflusst hat, und das wird auch immer so bleiben.«

»Und ich gehe davon aus, du hast nicht vor, ›Mittelklassemagie‹ zu lernen?«

»Nein.«

Sie würde also auch keine Hilfe sein.

»Mal sehen, ich habe …«, begann Aqua.

»Mir egal.«

»Waaas?!«

Ich würgte sie ab, bevor sie anfangen konnte, ihre Skills aufzuzählen. Ich war sicher, dass es ein Partytrick nach dem anderen sein würde.

Oh Mann …

»Diese Party ist total unkoordiniert. Vielleicht sollte ich mir wirklich eine neue suchen …«

Bei meiner gemurmelten Überlegung zuckten alle drei zusammen.

2

Seit der Kohljagd-Eil-Quest waren ein paar Tage vergangen. Wir hatten vor Kurzem alle Kohlköpfe, die wir gefangen hatten, verkauft, und die Abenteurer waren auch endlich für die Ernte ausbezahlt worden.

»Sieh dir das an, Kazuma! Ich hab bei der Jagd genug verdient, dass ich meine Rüstung verbessern lassen konnte, wo sie ohnehin schon in der Reparatur war. Wie findest du sie?«

Inmitten des ganzen Durcheinanders von Abenteurern, die ihre Belohnung kassieren wollten, schien Darkness regelrecht zu strahlen, während sie ihre Rüstung vorführte.

Ich konnte dazu nur sagen: »Das Ding sieht aus, als hätte man ein Bonzenkind über den Tisch ziehen wollen, das eine Rüstung nicht von einem Loch im Boden unterscheiden kann.«

»Du kannst auch nie was Nettes sagen, oder, Kazuma? Weißt du, selbst ich würde manchmal einfach gern ein Kompliment hören.« Sie wirkte untypisch niedergeschlagen.

Tja, wie hätte ich das ahnen sollen?

Aber viel wichtiger ...

»Ich hab jetzt keine Zeit, dich zu verhätscheln. Wir haben ein größeres Problem. Du musst was wegen des Freaks da drüben machen. Sie ist langsam sogar noch schlimmer als du.«

»Ohhh ... Ohhhh! Ich *ertraaaaag* das nicht! Dieser Manatit-Zauberstab *pulsiert* geradezu vor magischer Kraft ... Ohhh! Ohhh!« Megumin rieb ihre Wange an dem Zauberstab, den sie hatte anfertigen lassen. Wenn man ihn aus einem seltenen Metall namens Manatit fertigte, erhöhte das angeblich die Angriffsstärke. Megumin hatte ihre üppige Belohnung von der Kohljagd für einen solchen Manatit-Zauberstab ausgegeben und verhielt sich schon den ganzen Tag so. Sie war fest überzeugt, dass ihre Explosionen jetzt noch viel mächtiger sein würden.

Dabei war ihr Explosionszauber ohnehin schon totaler Overkill. Wozu könnte sie *noch mehr* Macht wollen? Gab es nicht irgendwelche nützlicheren Zauber, die sie lernen konnte? Ich wusste es allerdings besser, als ihr diese Frage zu stellen. In ihrer momentanen Verfassung wollte ich ihr lieber nicht zu nahe kommen.

Auch ich hatte meine Belohnung bekommen und schwebte wie auf Wolken.

Wir hatten Darkness, die die Monster bekämpft hatte, die dem Kohl gefolgt waren, Megumin, die sie in die Luft gejagt hatte, und Aqua, die jedem Gemüse nachgejagt war, das ihr begegnet war, ohne sich darum zu scheren, was wir anderen taten.

Wir hatten beschlossen, die Belohnung nicht einfach durch vier zu teilen, sondern danach, wer wie viele Kohlköpfe gefangen hatte. Es war Aquas Idee gewesen, die nach mir die meisten gefangen hatte.

Und jetzt wartete sie darauf, die Früchte ihrer brillanten Idee zu ernten …

»Waaaaas?! Moment … Was ist hier los?« Ihr Schrei hallte durch die Gildenhalle.

Oh, oh …

Wie zu erwarten, stand Aqua kochend vor Wut am Schalter. Sie hatte die Empfangsdame am Kragen gepackt und geigte ihr die Meinung. »Mickrige fünfzigtausend Eris? Wissen Sie, wie viele Kohlköpfe ich gefangen habe?! Ich kann Ihnen versichern, dass es mehr waren!«

»E… E… Es tut mir leid, Ihnen das mitzuteilen, aber …«

»Was?!«

»… das meiste, was Sie uns gebracht haben, war Kopfsalat …«

»Warum war da auch Kopfsalat dazwischen?!«

»D… Das kann ich Ihnen nicht sagen …«

Es klang, als hätte Aqua sehr viel weniger Geld bekommen, als sie erwartet hatte. Vielleicht hatte sie erkannt, dass es keinen Sinn hatte, die Mitarbeiterin weiter in die Mangel zu nehmen. Mit hinter dem Rücken verschränkten Händen und einem intriganten Lächeln im Gesicht kam sie auf mich zu. »Oh, herzallerliebster Kazuma … Wie viel Honorar hast du denn bekommen?«

»Etwas mehr als 'ne Million.«

Unseren drei Gefährten fiel die Kinnlade runter.

Es stimmte. Die Quest war aus heiterem Himmel gekommen und hatte mich auf einen Schlag reich gemacht. Es war mir gelungen, eine Reihe Kohlköpfe von besonders hoher Qualität mit vielen Lebenspunkten zu fangen. Ein weiterer Vorteil von großem Glück, dachte ich.

»Weißt du, oh großer Kazuma, ich fand schon immer, dass du einer der … ähm … na ja, *nettesten* Menschen bist, die ich kenne …«

»Versuch nicht, dich krampfhaft bei mir einzuschleimen. Ich hab mir eh längst überlegt, wofür ich mein Geld ausgebe. Du kriegst also nix ab.«

Aquas Lächeln erstarb, als ich ihr den Boden unter den Füßen wegzog. »Aber Kazumaaaaa! Ich war so sicher, dass diese Quest sich lohnen würde, dass ich all mein Geld ausgegeben habe! Ich hab hier in der Bar hunderttausend anschreiben lassen. Meine Belohnung reicht nicht mal ansatzweise, um das abzuzahlen!«

Ich befreite mich von der bettelnden Aqua. Warum konnte sie nicht einmal vorausdenken? Ich rieb mir die pochenden Schläfen. »Nicht mein Problem! Es war deine Idee, dass jeder nur das kriegt, was er sich verdient hat, und keinen Eris mehr. Außerdem will ich endlich eine richtige Unterkunft. Wie können wir ernst zu nehmende Abenteurer sein, wenn wir unser ganzes Leben lang in einem Stall wohnen?«

Die meisten Abenteurer hatten keine Häuser. Dafür reisten sie zu viel herum. Andererseits lebten abgesehen von einer Handvoll erfolgreicher Abenteurer die meisten auch von der Hand in den Mund und konnten sich kein Heim finanzieren.

Um ehrlich zu sein, mit den Leuten, die mir zur Verfügung standen, hatte ich es aufgegeben, den Dämonenkönig besiegen zu wollen. Sollten sich doch die anderen, die vor mir hergeschickt worden waren, darum kümmern – diejenigen, die unglaubliche Spezialfähigkeiten oder fantastische Ausrüstung oder sonst was ausgesucht hatten.

Ich dagegen saß hier als Abenteurer, die niedrigste Jobklasse, die wirklich jeder Trottel erreichen konnte. Und meine Werte waren auch nicht besonders gut. Auf jeden Fall kein Vergleich zu Leuten, die ihr ganzes Leben auf diese Aufgabe hin trainiert hatten. Ich war kaum besser als der Durchschnitt.

Ich wäre schon zufrieden damit, nur so viele Abenteuer zu bestreiten, um meine Neugier zu befriedigen, ohne große Risiken einzugehen, um mich dann in einem schönen, angenehmen Leben zur Ruhe zu setzen. Deshalb hatte ich vor, meine Belohnung dafür zu nutzen, eine Wohnung zu mieten oder mir vielleicht auch eine kleine Hütte zu kaufen, wenn der Preis stimmte.

Aqua klammerte sich an mich und sah aus, als würde sie gleich in Tränen ausbrechen. »Neeeeein! Kazuma, biiiiitte! Leih mir ein bisschen Geld! Nur so viel, dass ich meinen Deckel bezahlen kann. Hör zu, Kazuma, ich weiß, du bist ein Junge, und ich kann es manchmal mitten in der Nacht auf deiner Seite des

Stalls rascheln hören, deshalb verstehe ich, warum du schnell eine eigene Bleibe willst, in der du Privatsphäre hast. Aber biiiitte! Nur fünfzigtausend! Fünfzigtausend reichen völlig! Ich flehe dich aaaaaan!«

»Jaja! Schon gut! Fünfzigtausend, hunderttausend – ist mir egal. Solange du endlich die Klappe hältst!«

3

»Kazuma, Beeilung! Wir müssen ein paar Monster finden! Am besten einen ganzen Haufen Schwächlinge! Ich will meinen neuen Zauberstab ausprobieren!«

Mit dieser Forderung hatte Megumin plötzlich vor mir gestanden.

Hmm.

»Klar. Ich hatte auch noch keine Gelegenheit, die Skills auszuprobieren, die ich seit unserer Zombienator-Quest gelernt habe. Suchen wir uns was schön Einfaches.«

»Nein, nehmen wir was, das sich auch lohnt! Ich hab jeden Eris, den ich hatte, ausgegeben, um meinen Deckel zu bezahlen. Ich kann mir nicht mal mehr ein Mittagessen leisten.«

»Ich sage, wir sollten einen mächtigen Gegner finden. Etwas mit enormer Stärke, damit sich jeder knochenbrecherische Schlag auch richtig gut anfühlt ...«

Oh Mann. Ich wusste ja, dass jeder manchmal sein eigenes Ding durchziehen wollte, aber das war einfach nur lächerlich.

»Warum gucken wir nicht erst mal, was so angeschlagen ist, und dann sehen wir weiter?« Auf meinen Vorschlag hin drängten wir uns alle ums Schwarze Brett. Wo ...

»Was ist da los? Es gibt kaum Aufträge!« Normalerweise gab es kaum freien Platz am Schwarzen Brett, doch heute hingen dort nur ein paar vereinzelte Zettel.

Und das, was es gab, war ...

»Kazuma, ich hab die Quest für uns gefunden! Ein gigantischer Bär namens Blackfang wurde in den Bergen gesichtet ...«

»Das kann nicht sein! Was ist hier los? All diese Quests sind ... quasi unmöglich!« Alle angeschlagenen Quests lagen weit über unseren Fähigkeiten.

Ein Mitarbeiter der Gilde kam auf uns zu. »Ähem ...Das tut mir wirklich leid. Jemand, der ein General des Dämonenkönigs zu sein scheint, hat sich vor Kurzem in einem Schloss in der Nähe niedergelassen und, na ja ... all die schwächeren Monster halten sich versteckt. Was bedeutet, dass es für die Abenteurer viel weniger zu tun gibt. Nächsten Monat wird eine Inquisitionsabteilung aus der Hauptstadt entsandt, um sich um die Situation zu kümmern, aber bis dahin gehen wir davon aus, dass es größtenteils nur noch Quests mit höherer Schwierigkeit geben wird ...«

Die komplett blanke Aqua stieß nach den entschuldigenden Worten des Mitarbeiters einen Schrei der Verzweiflung aus. »W... Waruuuuum?!«

Dieses eine Mal musste ich ihr zustimmen.

»Arrrgh! Warum musste dieser dämliche General gerade jetzt auftauchen? Mir egal, welchen Rang er hat, wenn er untot ist, überlasst ihn einfach mir!«, grummelte Aqua mit Tränen in den Augen, während sie die Stellenanzeigen durchging.

Allen anderen schien es genauso zu ergehen. Ich hatte noch nie so viele Abenteurer gesehen, die mitten am Tag tranken. Die Stimmung war verzweifelt.

Was wollte ein General des Dämonenkönigs überhaupt so weit hier draußen? Die meisten Abenteurer in Axel waren nicht viel besser als wir. Natürlich gab es auch ein paar stärkere Partys – aber selbst die waren nicht besonders beeindruckend.

Axel war eine Anfängerstadt, ein Ort, an den die Leute kamen, um ihre Karrieren zu beginnen. Ein General des Dämonenkönigs war die Art Gegner, die man am Ende eines Games erwartete, nicht am Anfang. Wir wurden ja kaum mit ein paar überdimensionalen Kröten fertig. Wahrscheinlich wäre die gesamte Stadt zusammen demjenigen, der in dem Schloss hauste, nicht gewachsen.

4

»Bis die Ritter und Gutmenschen aus der Hauptstadt nächsten Monat eintreffen, haben wir keine Arbeit ...«

»Sieht ganz so aus. Und da du keine Quests hast, um dir die Zeit zu vertreiben, warum kommst du nicht mit mir?«

Megumin und ich waren vor der Stadt.

Im Moment gab es keine gefährlichen Feinde. All die kleinen Monster hatten sich aus Angst vor dem General des Dämonenkönigs verkrochen.

Megumin und ich machten einen Spaziergang. Ich konnte keine Quests annehmen, und sie hatte nichts, was sie mit ihren Explosionen in die Luft jagen konnte, deshalb waren wir beide ganz schön niedergeschlagen. Megumin hatte es zu ihrem täglichen Ritual gemacht, eine Explosion abzufeuern. Ich konnte nur hoffen, dass ich nicht dazu verdammt sein würde, sie jeden Tag des kommenden Monats zu babysitten. Ich hatte ihr gesagt, sie sollte alleine gehen, aber sie hatte nur erwidert, dass sie dann ja niemanden hätte, der sie nach Hause trüge.

Ich schlug Megumin vor, ihre Magie an einer Stelle in der Nähe zu wirken. »Wie wäre es da drüben? Lass es einfach raus, und dann können wir verschwinden.«

Sie schüttelte den Kopf. »Das geht nicht. Wir sind noch nicht weit genug von der Stadt weg. Dann schreien mich die Wachen wieder an.«

»›Wieder‹? Heißt das, die Leute haben sich über den Lärm beschwert?«

Sie nickte knapp.

Wir hatten also keine Wahl. Ich war nicht gerade begeistert, die Gegend ohne Waffe zu verlassen, aber es sollte ja ohnehin keine Monster geben. Und es konnte nicht schaden, die Welt ein bisschen zu erkunden.

Dabei fiel mir auf, dass ich bisher so gut wie nichts von dieser Welt gesehen hatte. Wenn ich mal die Stadt verlassen hatte, dann immer nur, um für eine Quest Monster zu jagen. Einfach nur entspannt herumzuwandern …

»Hey, was ist das? Ein verlassenes Schloss?«

Es stand auf einem entfernten Hügel. Eine alte Schanze, die langsam verfiel. Sie sah aus, als würde es dort spuken …

»Irgendwas an diesem Ort gefällt mir nicht«, murmelte ich. »Ich wette, da drin gibt's Geister oder so was …«

»Es ist perfekt!«, rief Megumin. »Ich kann es nach Herzenslust in die Luft jagen, und keinen stört's!« Fröhlich bereitete sie ihren Zauber vor.

Eine angenehme Brise wehte über den Hügel.

Alles war ruhig. Alles war still. Und dann hörte ich, wie Megumin ihre Beschwörung aufsagte …

So verbrachten Megumin und ich jeden Tag unsere Zeit.

Aqua, die keinen Eris besaß, hatte einen Teilzeitjob angenommen, und Darkness war in ihre Heimat zurückgekehrt, um zu trainieren. Megumin hatte nichts Besseres zu tun, also gingen wir jeden Tag zu dem verlassenen Schloss und lösten eine magische Explosion aus.

Manchmal war es abends, während ein kalter Regen fiel. Oder am Nachmittag nach einer schweigsamen Mahlzeit. Selbst während eines herrlichen Spaziergangs am frühen Morgen. Zu irgendeinem Zeitpunkt feuerte Megumin täglich ihre Magie auf das Schloss.

Ich begleitete sie jeden Tag und hatte irgendwann sogar den Punkt erreicht, an dem ich beurteilen konnte, wie gut die Explosion gewesen war.

»Explosion!«

»Oh, das war eine gute! Man konnte die Vibrationen in den Knochen spüren, und dann ist einen Moment später die Druckwelle über die Haut gestrichen ... Ich frage mich ja immer, warum dieses Schloss, nachdem du es in die Luft gejagt hast, immer noch aussieht wie vorher. Aber na ja ... Guter Schuss!«

»›Guter Schuss!‹ Hi hi. Kazuma, du hast eine echte Leidenschaft für den Pfad der Explosionskunst entwickelt. Dein Lob für die heutige Explosion war richtig poetisch. Wie sieht's aus, Kazuma? Denkst du vielleicht darüber nach, Explosionsmagie zu lernen?«

»Hmm ... Ich gebe zu, es ist verlockend, aber bei der momentanen Zusammensetzung unserer Party glaube ich nicht, dass ein zweiter Magier eine gute Idee ist. Vielleicht freue ich mich darauf, ›Explosion‹ zu lernen, wenn ich mich zur Ruhe gesetzt habe.«

Wir lachten und plauderten darüber, wie viele Punkte wir für die heutige Explosion vergeben würden. Der Radius war ein bisschen klein gewesen, aber die Klangqualität so gut – wir gingen es Schritt für Schritt durch.

5

Und so verging eine Woche mit herrlichen Explosionen. Und dann, eines Morgens ...

»*Achtung! Achtung!* Alle Abenteurer haben sich voll ausgerüstet am Haupttor zu versammeln!«

Der vertraute Klang einer Notfalldurchsage hallte durch die Straßen. Pflichtbewusst schnappten wir uns unsere Ausrüstung und gingen zum Marktplatz.

Als wir die Menge der Abenteurer erreichten, die sich vor dem Haupttor versammelt hatte, erblickten wir dort ein Monster, das lässig dastand und Schrecken verbreitete.

Ein Dullahan.

Dullahans waren kopflose Reiter, Todesboten. Sie brachten nichts als Verzweiflung. Sie waren eine Art von Untoten, deren körperliche Stärke und Spezialfähigkeiten alles übertrafen, worüber sie zu Lebzeiten verfügt hatten.

Die Kreatur, die am Stadttor stand, sah aus wie ein Ritter in pechschwarzer Rüstung. Ihren eigenen Kopf trug sie unter dem linken Arm und streckte ihr hinter einem Helm verborgenes Gesicht den versammelten Abenteurern der Stadt hin. Eine gedämpfte Stimme kam daraus hervor. »Ich bin der General des Dämonenkönigs, der vor Kurzem in das Schloss in der Nähe gezogen ist ...« Der Kopf fing an zu zittern. »U... U... Und *jeden Tag* ... jeden *verdammten* Tag kommt einer von euch aufmüpfigen Narren und feuert eine magische Explosion auf mein Schloss! Wer war das? Sagt es miiiiir!«

Er war ganz offensichtlich wütend.

Nach dem verärgerten Brüllen des Dullahan setzte unter den Abenteurern um mich herum Geflüster ein. Niemand hatte auch nur die geringste Idee, was los war.

Zumindest war jetzt klar, dass der Dullahan der Grund war, warum wir so eilig hierhergerufen worden waren.

»Eine magische Explosion?«

»Kennen wir jemanden, der ›Explosion‹ einsetzen kann?«

»›Explosion‹, hm?«

Eins nach dem anderen drehten sich alle Gesichter zu Megumin um, die neben mir stand.

Sofort drehte sich Megumin zu einem jungen Magiermädchen, das neben ihr stand.

Ich folgte ihrem Beispiel, und schon bald sahen alle stattdessen das Mädchen an.

»W... Was ist los? Warum starren alle mich an? I... Ich kann ›Explosion‹ nicht anwenden!«, beteuerte das Objekt unserer Verdächtigungen mit einer Spur Panik.

Moment mal ... Wir hatten jeden Tag Explosionen auf ein altes Schloss abgefeuert. Konnte es sein ...?

Ich warf Megumin einen Seitenblick zu. Kalter Schweiß stand ihr auf der Stirn. Offensichtlich war ihr derselbe Gedanke gekommen.

Schließlich seufzte Megumin, verzog das Gesicht und trat aus der Menge hervor. Die versammelten Abenteurer machten ihr Platz.

Der Dullahan stand vor dem Stadttor. Megumin blieb etwa zehn Meter vor ihm stehen. Erst ich, dann Darkness, die inzwischen wieder zurückgekehrt war, und Aqua stellten uns hinter sie. Beim Anblick der untoten Kreatur hatte Aqua einen Gesichtsausdruck aufgesetzt, der an eine Mutter erinnerte, die böse auf ein ungezogenes Kind war. Sie hatte die ganze Szene aufmerksam beobachtet – vielleicht war ein wütender Dullahan einfach ein sehr seltener Anblick.

»*Du!*«, sagte er. »Bist du der Narr, der ständig diese verdammten Explosionen abfeuert?! Wenn du dich mit einem General des Dämonenkönigs anlegen willst, hab wenigstens den Schneid, mein Schloss direkt zu stürmen! Und wenn du das nicht willst, dann bleib in deinem Städtchen und versteck dich! Was sollen diese armseligen Streiche? Ich wusste, dass diese Stadt voller Grünschnäbel ist, deshalb habe ich euch in Ruhe gelassen – aber wie ich sehe, hat euch das nur arrogant gemacht! *Bumm, bumm, bumm, bumm, bumm*, jeden Tag! Seid ihr verrückt?!« Der Helm des Dullahan vibrierte unter der Wut, die sich in einer Woche voller Explosionen aufgestaut hatte.

Megumin zitterte, offensichtlich eingeschüchtert – doch dann schlug sie ihren Umhang zurück und erklärte: »Ich bin Megumin! Erzmagierin und Beherrscherin von ›Explosion‹!«

»Megumin? Was soll das denn für ein Name sein? Willst du dich über mich lustig machen?«

»Will ich nicht!«

Sie hatte offenbar nicht damit gerechnet, dass der Dullahan sie verhöhnen würde, aber sie erholte sich schnell wieder. »Ich bin vom Clan des Roten Dämons und die größte Magierin in Axel! Diese Explosionen waren eine Strategie, um dich herauszulocken, oh großer General des Dämonenkönigs! Dein Glück hat dich verlassen, als du allein in diese Stadt kamst!« Drohend schwenkte sie ihren Zauberstab.

Hinter ihr flüsterte ich zu Darkness und Aqua: »Kann mir einer verraten, wovon sie redet? Sie hat behauptet, dass sie jeden Tag eine Explosion loslassen müsste, sonst würde sie sterben. Deshalb habe ich sie zu diesem dummen Schloss begleitet. Wann ist daraus eine ›Strategie‹ geworden?«

»Gute Frage. Und wann ist sie zur größten Magierin der Stadt geworden?«

»Ruhe da hinten! Ich habe heute noch keine Explosion abgefeuert, und eine ganze Truppe Abenteurer steht hinter mir. Ich bin hier ganz klar im Vorteil – und ich werde diese Stadt beschützen!« Megumin konnte uns wohl flüstern hören, denn sie errötete leicht, während sie mit ausgestrecktem Zauberstab dastand.

Aus irgendeinem Grund schien der Dullahan ihre Worte für bare Münze zu nehmen. »Oho! Ein Mitglied des Clans des Roten Dämons? Verstehe, verstehe! Dieser lächerliche Name sollte also nicht nur dazu dienen, mich zu verspotten.«

»Hey! Wenn du was zu dem Namen zu sagen hast, den meine Eltern mir gegeben haben, immer raus damit!«, rief Megumin wütend, doch ihr Gegner beachtete sie kaum. Genau genommen schien die gesamte Versammlung kaum seiner Beachtung wert zu sein. Der General des Dämonenkönigs hatte nicht mehr Interesse an uns als ein Habicht an einer Schar Küken.

»Hmpf, wie dem auch sei. Ich bin nicht hergekommen, um mich mit Kindern zu streiten. Ich bin aus Forschungsgründen in dieser Gegend und werde mich für absehbare Zeit in diesem Schloss aufhalten. Also stell deine magischen Explosionen ein, verstanden?«

»Dann könntest du mir genauso gut befehlen zu sterben, denn wir vom Clan des Roten Dämons sterben, wenn wir nicht jeden Tag einmal eine Explosion freisetzen!«

»W… Was?! So einen Schwachsinn hab ich ja noch nie gehört! Wenn du schon lügst, denk dir wenigstens was Glaubwürdiges aus!«

Ich wusste nicht, was ich tun sollte. Um ehrlich zu sein, genoss ich es ein bisschen, den beiden zuzuschauen. Ich konnte sehen, dass auch Aqua Megumin eindringliche Blicke zuwarf, während diese vor Wut schäumte über die Beleidigungen des Monsters.

Der Dullahan legte seinen Kopf auf seine rechte Hand und zuckte – ziemlich elegant – gelangweilt mit den Schultern. »Du hast also nicht vor, deine Magie aufzugeben, was? Auch wenn ich meinen Körper einem Dämon überlassen habe, war ich einst ein Ritter. Ich habe kein Interesse daran, die Schwächsten abzuschlachten. Aber wenn du darauf bestehst, mich jeden Tag in meinem Zuhause zu belästigen – tja, dann muss ich auch entsprechend vorgehen …«

Megumin wich vor dem Dullahan zurück, der immer bedrohlicher wirkte.

Doch zu meiner Überraschung lächelte sie. »Du musst gerade von Belästigung reden! Seit du aufgetaucht bist, können wir nicht mehr arbeiten!« Sie schmunzelte. »Ha! Ich denke, du solltest besser fliehen, solange du noch kannst. Wir haben eine Expertin für Untote! Gebieterin, wenn ich bitten darf?«

Dieses ganze große Getue – und jetzt übergab Megumin die ganze Sache einfach an Aqua?

Oh Mann.

Aqua, die sichtlich stolz war, »Gebieterin« genannt zu werden, trat vor, um sich dem Dullahan zu stellen. »Dann liegt es jetzt wohl an mir. Mir ist egal, ob du der General des Dämonenkönigs oder was auch immer bist, dein Pech, dass du hier aufgekreuzt bist, während ich in der Stadt bin! Ein Untoter, der am helllichten Tag auftaucht – das schreit ja geradezu danach, dass ich dich läutere. Es ist deine Schuld, dass es hier keine vernünftigen Quests mehr gibt! Jetzt – mach dich bereit!« Sie streckte eine Hand dem Dullahan entgegen.

Die Abenteurer hinter uns stöhnten kollektiv auf.

Die Aufmerksamkeit des Dullahan schien geweckt zu sein. Er wandte sich Aqua zu und streckte ihr seinen Kopf hin. Das schien seine Art zu sein, zu verdeutlichen, dass er Ernst machte. »Oho! Was haben wir denn da? Keine einfache Priesterin, eine Hohepriesterin! Ich bin ein General des Dämonenkönigs, und eine armselige niedere Hohepriesterin in einer Anfängerstadt soll mich läutern? Denkst du nicht, dass ich Gegenmaßnahmen getroffen habe gegen Priester, die viel mächtiger sind als du? Oh, aber vielleicht ist das eine gute Möglichkeit, meine kleine Freundin vom Roten Dämon ein bisschen zu quälen ...«

Schneller, als sie ihre Beschwörungsformel sprechen konnte, deutete er mit seiner linken Hand auf Megumin und brüllte: »Ich bringe den Tod über dich! In einer Woche wirst du sterben!«

Im selben Moment, als der Dullahan seinen Fluch aussprach, packte Darkness Megumin am Kragen und schleuderte die Magierin hinter sich.

»Wa...?!«, kreischte Megumin. »D... Darkness!«

Einen Augenblick lang erstrahlte Darkness' Körper in einem schwarzen Licht.

Ein Todesfluch! Verdammt!

»Darkness!«, sagte ich. »Geht's dir gut? Bist du verletzt?«

Sie ballte und öffnete die Faust, als wolle sie sichergehen, dass noch alles funktionierte. »Hmm ... Sieht aus als wär ... alles okay«, meinte sie ruhig.

Aber ich hatte den Dullahan gehört: *In einer Woche wirst du sterben.*

Aqua war damit beschäftigt, Darkness von oben bis unten zu untersuchen, als der Dullahan verkündete: »Jetzt zeigt sich der Fluch noch nicht. Das ist nicht ganz das, was ich geplant hatte, aber durch den engen Zusammenhalt eurer Truppe wird es vielleicht sogar noch besser. Hör zu, du Roter-Dämon-Zwerg. Deine Paladin wird heute in einer Woche sterben. Ha ha! Du kannst zusehen, wie sie in Angst vor ihrem bevorstehenden Tod zittert – und du wirst wissen, dass es deine Schuld ist! Sieh sie sieben Tage leiden und bereue, was du getan hast! Buwah ha ha! Wenn du doch nur auf mich gehört hättest ...«

Bei seinen Worten wurde Megumin blass, und Darkness stöhnte vor Aufregung. »H... Herrlich! Du hast mich mit diesem Fluch belegt – und um ihn zu brechen, müssen wir tun, was immer du willst, richtig?«

»Was?«

Der Dullahan schien von Darkness' Reaktion komplett verwirrt zu sein, und ich hatte auch keine Ahnung, wovon sie redete.

Okay, zugegeben, ich *wollte* nicht wissen, wovon sie redete.

»Hrgh ... Kein Fluch kann mich einschüchtern ... u... und doch ... Kazuma! Was sollen wir tun?! Sieh dir die grausamen Augen an, die im Helm des Dullahan glühen! Das sind die Augen von jemandem, der mich als Sexsklaven in sein Schloss entführt und mich zu abartigen Hardcore-Rollenspielen zwingt, wenn ich den Fluch brechen will!«

»Waaas?«, wiederholte der Dullahan, der mit Sicherheit nicht erwartet hatte, vor der ganzen Stadt als Perversling hingestellt zu werden. Er tat mir ein bisschen leid.

»Du bist vielleicht der Herr über meinen Körper, aber niemals über mein Herz! Eine Ritterin – gefangen in einem Schloss, Sklavin der widerlichen Forderungen eines Schergen des Dämonenkönigs! Was soll ich nur *tun*, Kazuma?! Wer hätte ahnen können, dass die Dinge so heiß werden könnten! Ich will nicht gehen – ich ertrage es nicht –, und doch habe ich keine Wahl! Ich werde ihm widerstehen, solange ich kann ... Versucht nicht, mich aufzuhalten! Macht's gut, meine Freunde!«

»Waaas?!«

»Hör endlich auf! Ganz offensichtlich ist das nicht das, was er im Sinn hatte!« Ich packte ihren Arm und hielt Darkness davon ab, auf den Feind zuzustürmen. Der Dullahan war sichtlich erleichtert.

»J... Jedenfalls hoffe ich, ihr habt eure Lektion gelernt und hört auf, mein Heim in die Luft zu jagen! Und du, magisches Kind – wenn du den Fluch der Paladin brechen willst, komm zu meinem Schloss! Wenn du es schaffst, mein Zimmer im obersten Stock lebend zu erreichen, werde ich den Fluch aufheben. Aber wisse: Eine Armee von Untoten Rittern bewacht mein Schloss! Ich bin gespannt, ob du und deine kümmerlichen Freunde zu mir vordringen könnt! Buwah ha ha ... ha ha ha ha ha!« Immer noch lachend ging der Dullahan durch das Tor, stieg auf sein Pferd und ritt zu seinem Schloss davon.

6

Die Menge der Abenteurer stand schweigend da, offensichtlich überwältigt von den Ereignissen.

Ich fühlte mich genauso.

Neben mir klammerte sich Megumin blass und zitternd an ihren Zauberstab. Alleine ging sie auf das Tor zu.

»Hey, wo willst du hin? Was hast du vor?« Ich packte ihren Umhang.

Megumin zog einfach fest daran und wollte weitergehen. Ohne sich umzudrehen, sagte sie: »Das ist meine Schuld. Ich gehe einfach zu dem Schloss, jage dem Dullahan eine ordentliche Explosion ins Gesicht und befreie Darkness von dem Fluch.«

Als wenn sie allein irgendwas auf die Kette kriegen würde.

Wenn ich so darüber nachdachte …

»Natürlich komme ich mit. Ganz alleine verbrauchst du deine Explosion wahrscheinlich bei einer mickrigen Wache, und was machst du dann? Du warst ja sogar zu stumpf, um zu erkennen, dass du das Schloss des Generals des Dämonenkönigs in die Luft gejagt hast!«

Einen Moment lang starrte Megumin mich an, dann ließ sie erleichtert die Schultern sinken. »Na schön, dann komm mit. Aber das Monster hat eine Armee von Untoten Rittern erwähnt. Gegen solche Feinde wird dein Schwert nicht sehr wirksam sein. Heute musst du dich auf meine Magie verlassen.« Ein verschlagenes Lächeln huschte über ihr Gesicht.

Untote Ritter trugen vermutlich genau wie ihre lebenden Pendants Rüstung. Mein billiges Schwert würde nicht mal einen Kratzer hinterlassen. Aber ich hatte eine Idee. »Ich kann meinen ›Gegner erspüren‹-Skill einsetzen, um festzustellen, wo die Feinde sind. Während wir das Schloss durchqueren, spüre ich sie auf, und dann greifen wir sie mit meinem ›Verstecken‹-Skill an. Oder wir könnten einmal am Tag hingehen und alle Gegner auf einer Etage mit ›Explosion‹ ausschalten. Dann gehen wir nach Hause und kommen am nächsten Tag wieder. In einer Woche könntest du wahrscheinlich das ganze Schloss leer fegen, oder?«

Megumins Miene erhellte sich ein bisschen, weil sie vielleicht einen Hoffnungsschimmer in meinem Plan sah.

Gemeinsam wandten wir uns zu Darkness um. »Hey, Darkness! Wir werden diesen Fluch brechen, versprochen! Bleib du einfach …«

»*Heiliger Bannbrecher!*«

Aquas Beschwörung unterbrach meinen Versuch, Darkness aufzumuntern. Darkness' Körper glühte in einem schwachen Licht.

Aquas aufgekratztes Gesicht stand in krassem Kontrast zur verzweifelt aussehenden Paladin.

»Der armselige Fluch von einem dahergelaufenen Dullahan ist für mich ein Kinderspiel! Na? Manchmal bin ich schon fast so was wie eine richtige Priesterin, oder?«

Megumin und ich sahen sie an. »Hä?«, machten wir.

Megumin und ich hatten uns gerade so schön motiviert. Warum musstest du uns den Wind aus den Segeln nehmen, Aqua?

7

Nach unserer Begegnung mit dem General des Dämonenkönigs verbrachten wir eine ereignislose Woche.

»Ich brauche eine Quest! Selbst eine schwere! Lasst uns auf eine Quest gehen!«

»Hm?« Megumin und ich waren erschrocken von Aquas plötzlichem Ausbruch und wenig begeistert.

Außer Aquas quollen unsere Geldbörsen über. Wir wollten ganz sicher nicht rausgehen und arbeiten, wo es nur Quests für höhere Level gab.

»Ich bin dabei«, sagte Darkness. »Aber Aqua, du und ich alleine ... haben nicht viel Feuerkraft.« Sie warf Megumin und mir einen vielsagenden Blick zu. Aber sie konnte uns noch so eindringlich ansehen, wir hatten keinen Grund, uns in eine gefährliche Quest zu stürzen.

Aqua konnte sehen, dass wir nicht anbeißen würden, und fing

an zu betteln. »Biiitte! Ich hab's so satt, jeden Tag mit Kellnern zu verbringen! Der Ladenbesitzer wird immer böse auf mich, wenn am Ende des Tages auch nur eine Krokette übrig ist. Ich verspreche auch, dass ich diesmal nützlich sein werde! Versprochen!«

Megumin und ich sahen einander an.

»Okay, schon gut. Wir schauen mal, ob am Brett irgendwas Lohnenswertes angeschlagen ist. Wenn du was Vernünftiges findest, gehen wir mit.«

Zufrieden hüpfte Aqua zum Schwarzen Brett.

»Kazuma, könntest du vielleicht auch einen Blick aufs Brett werfen? Ich hab ein ungutes Gefühl, wenn Aqua ganz alleine was aussucht ...«

»Sie hat recht. Auch wenn es mir persönlich nichts ausmachen würde, auf eine Quest zu gehen, bei der wir ein paar Schläge einstecken müssen ...«

Ich wusste, die Mädels hatten recht. Mit wachsendem Unmut ging ich auf das Schwarze Brett zu. Ich stellte mich hinter Aqua, während sie aufmerksam die Quests studierte. Sie bemerkte mich nicht und las weiter die kleinen Zettel, die ans Brett geheftet waren. Schließlich wählte sie einen aus und riss ihn ab.

»Okay!«

»Was heißt hier okay?! Ist dir überhaupt klar, in was du uns da reinreitest?!« Ich riss ihr das Papier aus der Hand.

MANTIKOR/GREIF-JAGD – EIN MANTIKOR UND EIN GREIF STREITEN SICH UM IHR TERRITORIUM. DAS GANZE GEBIET IST SEHR GEFÄHRLICH. ABENTEURER GESUCHT, UM BEIDE MONSTER ZU JAGEN UND DIE FEHDE ZU BEENDEN. BELOHNUNG: 500.000 ERIS.

»Bist du verrückt?«, schrie ich sie an und steckte den Zettel wieder dahin, wo sie ihn herhatte. Zum Glück war ich ihr gefolgt. Sie hätte uns in ganz schöne Schwierigkeiten gebracht.

»Was regst du dich so auf? Es sind doch nur zwei! Wir treiben sie an einem Punkt zusammen und lassen Megumin ihr Ding machen. Bumm! Wir gehen nach Hause ... Ach, vergiss es!«

Ja, toller Plan. Und vermutlich wäre es an mir hängen geblieben, eine Idee zu entwickeln, um die beiden streitenden magischen Monster an denselben Punkt zu locken.

Gerade als ich darüber nachdachte, die Quest anzunehmen und Aqua alleine loszuschicken, kam sie zu mir und zupfte aufgeregt an meinem Ärmel. »Hey, guck mal! Sieh dir das an!«

Ich sah mir die Quest an, auf die sie zeigte.

SEESÄUBERUNG – DER NAHEGELEGENE SEE, DER DIE STADT HAUPTSÄCHLICH MIT WASSER VERSORGT, IST VERUNREINIGT, UND BRUTALE ALLIGATOREN HABEN SICH DORT EINGENISTET. DER SEE MUSS GEREINIGT WERDEN. DIE MONSTER WERDEN VERSCHWINDEN, WENN DAS WASSER WIEDER SAUBER IST, SIE ZU JAGEN, IST ALSO NICHT NÖTIG. ANMERKUNG: DIE PARTY MUSS EINEN PRIESTER HABEN, DER »REINIGUNGSMAGIE« BEHERRSCHT. BELOHNUNG: 300.000 ERIS.

»Weißt du, wie man Wasser reinigt?«

Aqua schnaubte. »Und wer stellt sich jetzt dumm an? Wofür hältst du mich denn? Denk an meinen Namen, sieh dir mein Outfit an und sag mir – was, denkst du, beherrsche ich?«

»Partytricks?«

»Falsch, du Hiki-Neet! Wasser! Die hellblauen Augen? Die Haare? Sagen dir diese Dinge gar nichts?«

Ich schätze, ich kann einen Zusammenhang erkennen.

Dreihunderttausend Eris, nur für ein bisschen Wasserreinigen – das klang auf jeden Fall verlockend. Vor allem die Tatsache, dass wir gegen nichts kämpfen mussten.

»Okay, das nehmen wir. Hey, wenn es nur um Wasserreinigung geht, könntest du das sogar ganz alleine erledigen, stimmt's? Dann müsstest du die Belohnung auch nicht teilen.«

Aber Aqua zögerte. »J... Ja ... ich könnte schon ... Aber diese Monster werden wahrscheinlich nicht einfach daneben hocken und zusehen, während ich das Wasser reinige. Ich brauche jemanden, der mich vor ihnen schützt, bis ich fertig bin.«

Aha ...

Aber »brutale Alligatoren« – das war wahrscheinlich eine Art Krokodil, richtig? Das klang nicht gut.

»Wie lange brauchst du denn, um das Wasser zu reinigen? Fünf Minuten?« Wenn es schnell ging, würden wir vielleicht einfach mit einer ordentlichen Explosion von Megumin auskommen.

Aqua schüttelte den Kopf. »Vielleicht einen halben Tag?«

»Das ist ja ewig!«

Wir sollten sie also mindestens zwölf Stunden lang vor Monstern schützen, deren Name allein schon nach Ärger klang. Ich wollte den Zettel gerade zurückhängen ...

»Och nein! Bitte! Es gibt keine anderen guten Quests! Oh, biiitte hilf mir, Kazumaaa!«

Als ich Aqua ansah, die sich an meinen Arm klammerte, damit ich die Quest nicht zurückhängen konnte, kam mir plötzlich eine Frage: »Wie funktioniert diese ganze Reinigungssache eigentlich?«

»Hm? Ich berühre einfach das Wasser und benutzte ›Reinigungsmagie‹ ... Warum?«

Alles klar. Sie musste das Wasser also anfassen. Eine Sekunde lang hatte ich gedacht ...

Halt, Stopp!

»Okay, Aqua. Ich glaube, ich weiß, wie du dein Ritual durchführen kannst – ohne Risiko, ohne Probleme. Willst du es versuchen?«

8

Der besagte See war eine große Wasserfläche nicht weit von der Stadt. Er war eine der Hauptwasserquellen der Stadt. Ein kleiner Fluss floss aus diesem See bis nach Axel. Die Schneeschmelze von den Bergen, die direkt an den See grenzten, speiste ihn mit frischem Wasser.

Ich konnte es erkennen: Das Wasser war irgendwie trüb und abgestanden, wie es beschrieben gewesen war.

Ich hätte gedacht, Monster würden genau wie Menschen klares Wasser mögen, aber da hatte ich mich wohl geirrt.

Während ich über den See blickte, ertönte Aquas zitternde Stimme hinter mir: »W… Wollen wir das wirklich durchziehen?« Sie schien sich extrem unwohl zu fühlen.

Aber mein Plan war wasserdicht. Was könnte sie einzuwenden haben?

»Ich fühl mich wie ein seltenes Monster, das ihr an die Gilde … oder den Zirkus verkaufen wollt«, sagte Aqua. Sie saß im Schneidersitz in einem Stahlkäfig – der tatsächlich denen ähnelte, in denen man seltene Monster halten würde.

Ich wollte den Käfig, mit Aqua darin, in den See schieben.

Anfangs hatte ich gedacht, sie könnte einfach sicher in dem Käfig am Ufer sitzen und ihre Magie wirken, aber als ich rausgefunden hatte, dass sie das Wasser berühren musste, damit ihre Magie funktionierte, hatte ich meinen Plan geändert.

Da sie eine Wassergöttin war, konnte Aqua, wie sie behauptete, den ganzen Tag unter Wasser verbringen, ohne sich unwohl zu fühlen, geschweige denn zu ertrinken. Und selbst wenn sie nicht aktiv »Reinigungsmagie« anwendete – hatte sie behauptet –, würde das Wasser allein durch ihre Anwesenheit gereinigt.

Ich schätze, sie ist eben einfach heilig. Sie ist schließlich eine Göttin, auch wenn man nie darauf käme, wenn man sie so sieht.

Wir hatten uns den Käfig von der Gilde geliehen. Sie hatten ihn auf Lager für Quests, bei denen die Beute gefangen statt getötet werden musste.

Der Käfig musste nicht bis auf den Grund des Sees sinken – unnötiger Ballast. Er musste nur tief genug sein, damit Aqua das Wasser berühren konnte. Da der Käfig groß genug war, um ein Monster zu beherbergen, konnte Aqua einfach in der Mitte bleiben, wo sie vor Angriffen geschützt war.

Der Gildenmitarbeiter hatte gesagt, dass die Monster das Gebiet verlassen würden, sobald das Wasser gereinigt war, aber nur für den Fall, dass sie Aqua nicht in Ruhe lassen sollten, hatten wir stabile Ketten angebracht.

Da ein Stahlkäfig nicht leicht ist, hatten wir in der Stadt ein Pferd gemietet, um ihn hier heraus zu transportieren. Im Notfall konnte das Pferd ihn an den Ketten wieder aus dem Wasser ziehen.

Wir schoben den Käfig in den See, bis das Wasser Aquas Hintern erreichte.

Jetzt musste der Rest von uns nur noch in der Nähe warten.

Aqua umklammerte ihre Knie und murmelte niedergeschlagen: »Ich fühl mich wie ein Teebeutel, der ziehen soll ...«

9

Wir hatten Aqua im Wasser in der Nähe des Seeufers abgesetzt, und das Wasserreinigungsritual war in vollem Gang.

Zwei Stunden waren vergangen, und bisher gab es keine Anzeichen von Monstern.

Megumin, Darkness und ich warteten an einer Stelle etwa zwanzig Meter von Aqua entfernt und behielten sie im Auge.

Aqua saß in ihrem teilweise gefluteten Käfig, und ich rief ihr zu: »Hey, Aqua! Wie läuft die Reinigung? Wird dir nicht kalt im Wasser? Wenn du aufs Klo musst oder so, sag Bescheid, dann lass ich dich raus!«

Sie rief zurück: »Es läuft gut! Und ein Klo brauch ich auch nicht! Hohepriester gehen nicht aufs Klo!«

Wie auch immer. Sie klang wie ein angespülter Vollidiot.

Ich hatte gedacht, stundenlang im Wasser zu sitzen, könnte vielleicht ein Problem sein, aber anscheinend nicht.

»Es scheint ihr gut zu gehen. Wie es der Zufall will, gehen die Leute vom Clan des Roten Dämons auch nicht aufs Klo«, erklärte Megumin.

Hatte ich etwa danach gefragt? Sie und Aqua hatten beide einen bodenlosen Magen. Wo ging das alles hin?

»Ich bin eine Paladin und wir ... wir ... hrr ...«

»Jetzt fang keinen Wettbewerb mit den beiden an, wer sich's am längsten verkneifen kann, Darkness. Irgendwann gehen wir auf eine Quest, die länger als ein paar Stunden dauert, und dann werden wir ja sehen, wer nicht aufs Klo muss.«

»B... Bitte hör auf! Mitglieder des Clans des Roten Dämons gehen wirklich nicht aufs Klo. Aber ich entschuldige mich, also hör bitte auf ... Es ist nur seltsam, dass es kein Zeichen von den brutalen Alligatoren gibt. Na ja, wir können wohl nur hoffen, dass sie uns in Ruhe lassen«, meinte Megumin. So ein Satz schrie geradezu danach, ein Bonusevent auszulösen.

Sie hatte kaum ausgesprochen, da bildeten sich Wellen auf

der Wasseroberfläche. Er war nicht größer als ein normaler irdischer Alligator – aber er *wirkte* definitiv anders. Das war ohne Zweifel ein Monster.

»K… Kazuma! Da kommt was! G… Ganz viele Etwase!«

Offenbar traten die Alligatoren hier in Rudeln auf.

– Stunde vier der Reinigung –

Anfangs hatte Aqua einfach nur im Wasser gesessen und sich darauf verlassen, dass ihre göttlichen Kräfte das Wasser reinigten, aber jetzt sprach sie hektisch Beschwörungsformeln. »*Reinigung! Reinigung! Reinigung!*«

Die Alligatoren umringten Aquas Käfig und nagten daran.

»*Reinigung! Reinigung!* H… Hört mal, mein Käfig k… knackt! Er knirscht! Tut was!«

Aber es gab nicht viel, was wir tun konnten. Da sich Aqua mitten unter den Monstern befand, war Megumins »Explosion« keine gute Idee.

»Aqua, wenn du das Handtuch werfen willst, sag Bescheid! Dann lass ich das Pferd den Käfig aus dem Wasser ziehen, und wir holen dich da raus!«

Ähnliche Vorschläge hatte ich ihr schon ein paarmal zugebrüllt, aber bisher hatte sie sich geweigert, ihre Quest aufzugeben.

»A… Auf keinen Fall! Dann hätten wir unsere Zeit verschwendet *und* würden keine Belohnung kriegen! *Reinigung! Reinigung!* I… Iiiiiek! Habt ihr das Krachen gehört?! Das ist definitiv kein Geräusch, das man von den Eisenstangen hören will, die einen beschützen sollen!«

Die Alligatoren, die auf Aquas Käfig eindrangen, beachteten uns überhaupt nicht.

Darkness beobachtete die Szene und seufzte. »Ich wünschte, ich wär in dem Käfig ...«

»Komm nicht auf dumme Ideen!«

– Stunde sieben der Reinigung –

Der angeschlagene Käfig stand trostlos im See. Er war mit Alligatorenbissspuren übersät.

Die Alligatoren selbst waren in die Berge geflohen. Vielleicht weil die Reinigung des Sees abgeschlossen war.

Ich hörte keine Beschwörungsformeln mehr von Aqua.

Genau genommen war es schon fast eine Stunde her, dass ich ihre Stimme zuletzt unter dem Gewimmel der Monster gehört hatte.

»Hey, Aqua, geht's dir gut? Sieht aus, als hätten sich die Alligatoren davongemacht.«

Wir gingen näher ran, um Aqua sehen zu können.

»*Hicks* ... *Schnüff* ... Määäh!«

Wenn sie einfach nur dasitzen, ihre Knie umklammern und weinen wollte, hätte sie die Quest auch einfach aufgeben können.

Andererseits konnte ich ihre Reaktion dieses eine Mal irgendwie verstehen.

»Hey, wenn du mit der Reinigung fertig bist, lass uns nach Hause gehen. Ich hab mit Darkness und Megumin gesprochen, und wir sind uns einig, dass wir für diese Quest keine Belohnung wollen. Du kannst die dreihunderttausend Eris ganz für dich behalten!«

Aqua blickte nicht von ihren Knien auf, aber ihre Schultern versteiften sich. Sie machte keine Anstalten, ihren Käfig zu verlassen.

»Komm schon raus. Die Alligatoren sind weg.«

Aqua flüsterte etwas. »... im Käfig ...«

Ich stutzte verwirrt. »Was hast du gesagt?«

»Die Welt außerhalb des Käfigs ist gruselig ... Bringt mich einfach hier drin in die Stadt zurück ...«

Erst ein Krötentrauma, jetzt ein Alligatorentrauma, es war wirklich kein leichtes Leben für eine Göttin.

10

»Donadonadonaaadooonaaa ...«

»Mann, Aqua! Würdest du endlich mit diesem komischen Lied aufhören? Es ist schlimm genug, dass wir ein zusammengekautes Mädchen in einem Käfig durch die Stadt schleifen ... Warum bist du überhaupt immer noch da drin? Wir sind zurück. Du bist in Sicherheit. Komm endlich raus.«

»Nein. Dieser Käfig beschützt mich. Die Welt da draußen ist gruselig. Ich bleib erst mal hier drin ...«

Unser Pferd zog den Käfig, in dem sich Aqua nun anscheinend dauerhaft einrichten wollte.

Während wir durch die Stadt zur Gildenhalle gingen, starrten die Menschen uns möglichst unauffällig an. Auch wenn das Pferd den Käfig zog (da Aqua sich weigerte zu laufen), kamen wir nur langsam voran.

Ja, eine von uns hatte – wieder mal – ein schweres Trauma erlitten, aber ansonsten waren alle äußerlich unversehrt. So versessen wir auch darauf waren, unsere Ausrüstung und unsere Magie auszutesten, eine ereignislose Quest war immer noch die beste. Für uns war es ungewöhnlich, dass ein Auftrag so ... glatt gelaufen war.

Vielleicht war es meine Schuld, weil ich einen Gedanken gehegt hatte, der praktisch nach einem weiteren Bonusevent schrie.

»G... Gebieterin? Gebieterin Göttin, Ihr seid es, nicht wahr? Gütiger Himmel! Was hat Euch in diesen Zustand versetzt?«

Ein Mann rannte auf uns zu und packte die Stangen von Aquas Käfig. Die Eisenstangen hatten dem hartnäckigen Angriff von brutalen Alligatoren standgehalten, aber dieser Mann bog sie mühelos auseinander und streckte seine Hand nach Aqua aus.

Der Fremde warf Megumin und mir, die wir beide wie vom Blitz getroffen dastanden, einen Seitenblick zu. Dann wandte er sich der geistig nicht minder abwesenden Aqua zu und ...

»Bist du nicht ein bisschen sehr forsch, mein Freund? Wer bist du überhaupt? Du scheinst Aqua zu kennen, aber sie kennt dich ganz offensichtlich nicht.« Darkness trat auf den Mann zu, als er gerade Aquas Hand ergreifen wollte.

Sie hatte nichts mehr gemeinsam mit dem Mädchen, das neidisch die Göttin beobachtet hatte, die in ihrem Käfig von Alligatoren angegriffen wurde. Jetzt war sie eine Paladin, ein Schild, der unerschrocken einen Freund beschützte.

Wie konnte ich sie nur dazu bringen, sich immer so zu verhalten?

Der Mann sah Darkness an, seufzte und schüttelte den Kopf. In seinem Gesicht stand: *Ich will keinen Ärger, aber er scheint mich trotzdem immer zu finden.*

Darkness, die sonst so reserviert war, wirkte von der Haltung des Mannes sichtlich verärgert.

Die Lage war angespannt. Ich flüsterte Aqua, die sich immer noch weigerte rauszukommen, zu: »Hey, der Typ ist doch ein Kumpel von dir, oder? Er weiß, dass du ’ne Göttin bist und alles. Tu was!«

Einen kurzen Augenblick lang sah Aqua mich verwirrt, aber aufrichtig an. »Oh! Göttin! Ja, ich bin eine Göttin! Du willst also, dass ich die Situation regle? Überlass das der Göttin ...«

Endlich schlängelte sie sich aus dem Käfig.

Sie hat doch nicht wirklich *vergessen, dass sie eine Göttin ist, oder?*

Aqua, die jetzt frei war, sah den Fremden fragend an. »Wer bist du?«

Moment, die beiden kennen sich also gar nicht?!

Noch mal Moment, vielleicht doch.

Der Typ jedenfalls wirkte sichtlich überrascht. Die Chancen standen gut, dass Aqua einfach nur vergessen hatte, wer er war.

»Was soll das heißen, wer ich bin, Gebieterin?! Ich bin es, Kyoya Mitsurugi! Ihr habt mir das magische Schwert Gram verliehen!«

Aqua schwieg und wirkte immer noch verwirrt. Ich dagegen hatte plötzlich eine Ahnung.

Sein Name klang, als sei er einem Anime entsprungen, zumindest war er ganz offensichtlich japanisch. Er musste zu denen gehören, die Aqua vor mir begegnet waren. Er schien ein aufrichtiger Kerl zu sein, und mit seinem braunen Haar sah er sogar ziemlich gut aus. Er trug eine blau schimmernde Rüstung, die sehr teuer aussah, und an seiner Hüfte hing eine schwarze Schwertscheide.

Zwei attraktive Frauen standen hinter ihm. Eine trug einen Speer und schien eine Kriegerin zu sein, die andere war in eine Lederrüstung gekleidet und trug einen Dolch an der Hüfte.

Dieser Mitsurugi schien in meinem Alter zu sein. Aber im Gegensatz zu mir sah er ... na ja, er sah aus wie der Held aus einem Manga.

»Ach ja! Ich erinnere mich! Tut mir leid. Ich sehe hier so viele Leute, da ist es schwer, sich alle zu merken.«

Gemeinsam hatten es Mitsurugi und ich geschafft, dass Aqua endlich ein Licht aufgegangen war.

Mitsurugi rang sich ein Lächeln ab. »E... Es ist ja auch schon eine Weile her, Gebieterin Aqua. Ich tue, was ich kann, um die Mission, die Ihr mir aufgetragen habt, zu erfüllen. Ich bin jetzt Schwertmeister, Level 37. Aber ... warum seid Ihr hier, Gebieterin? Und in einem Käfig?« Misstrauisch beäugte er den Rest von uns.

Ich konnte es direkt vor mir sehen: Aqua, die diesen Typen mit einem Lied und einem Tanz losschickte. *Du bist ein Held, auserwählt für eine große Tat* ... bla, bla, bla.

Sie hatte vielleicht komplett vergessen, dass er existierte, aber ich konnte mir nur zu gut all die lächerlichen Dinge vorstellen, die sie wahrscheinlich zu ihm gesagt hatte.

Moment mal ... Mitsurugi dachte bestimmt, dass *ich* Aqua in den Käfig gesperrt hatte!

Das wäre wohl die logische Schlussfolgerung, die man aus diesem Anblick ziehen würde. Wie standen die Chancen, dass er mir glauben würde, wenn ich ihm erklärte, dass Aqua freiwillig da drin hatte bleiben wollen?

Verdammt, das würde ich mir ja selbst nicht glauben. Wer hätte ahnen können, dass es so eine Chaosgöttin gab?

Also erklärte ich Mitsurugi so klar und deutlich, wie ich konnte, wie Aqua und ich zusammen hier gelandet waren, und ...

»Lächerlich! Unmöglich! Was hast du dir dabei gedacht?! Eine Göttin in diese Welt zu bringen! Und sie dann in einen Käfig zu sperren und in einen See zu werfen?!« Der wütende Mitsurugi hatte mich am Kragen gepackt.

Panisch versuchte Aqua, einzuschreiten. »H… H… Halt! Jetzt mal langsam! Ich habe hier ein ziemlich gutes Leben! Es macht mir eigentlich nichts mehr aus, dass er mich hierher geschleppt hat, okay? Und ich kann nach Hause, wenn ich nur den Dämonenkönig besiege! Genau wie unsere Quest heute – ich hatte Todesangst, ja, aber am Ende haben wir es geschafft, und niemand wurde verletzt. Und die Belohnung sind *dreihunderttausend Eris*! Und sie haben gesagt, dass ich alles behalten darf!«

Mitsurugi sah Aqua mitleidig an. »Gebieterin Aqua, ich weiß nicht, was dieser Mann getan hat, um Euch auf seine Seite zu ziehen, aber Eure Behandlung ist ungerecht! Die ganze Gefahr, der Ihr ausgesetzt wart, und das für läppische dreihunderttausend? Ihr seid eine Göttin! Seid Ihr so tief gesunken? Sagt, in welcher Herberge lebt Ihr?«

Ich dachte, wir hätten nicht erwähnen wollen, dass Aqua eine Göttin war, aber Mitsurugi wirkte ziemlich aufgebracht, also hielt ich lieber die Klappe. Was man von ihm nicht gerade behaupten konnte, er sagte »Göttin« bei jeder Gelegenheit.

Schöne Göttin. Mitsurugi wusste offensichtlich nicht, mit wem er es hier zu tun hatte.

Zögerlich beantwortete Aqua seine Frage: »E… Es ist nicht direkt eine Herberge, in der wir wohnen. E… Eher ein … Stall.«

»Was?!« Mitsurugis Griff wurde fester.

H… Hey! Das tut weh!

Darkness packte Mitsurugis anderen Arm. »Ich denke, es ist Zeit, dass du meinen Freund loslässt. Ich warne dich; einen Mann am Hals zu packen, den man gerade erst getroffen hat, macht keinen besonders guten Eindruck.«

Normalerweise machte Darkness nur den Mund auf, um etwas Dummes zu sagen, aber jetzt war sie ungewöhnlich wütend. Ich

blickte zu Megumin und erkannte, dass auch sie ihren neuen Zauberstab gehoben hatte und anfing, die Beschwörungsformel für »Explo…« – *Moooment mal! Stopp!*

Mitsurugi ließ mich los und betrachtete Darkness und Megumin mit großem Interesse. »Eine Paladin und eine Erzmagierin? Und auch noch ziemlich gutaussehende. Deine Party hat ja ein paar nette Mitglieder. Ein Grund mehr, dass du dich schämen solltest! Gebieterin Aqua und diese attraktiven Ladys in einem Stall schlafen zu lassen! Wenn ich es richtig sehe, bist du ein Abenteurer, die niedrigste Klasse.«

Wenn ich ihm so zuhörte, musste sogar ich zugeben, dass ich wohl wirklich Glück hatte. Sahen mich andere Leute auch so?

Ich flüsterte zu Aqua: »Hey, ich dachte, die meisten Abenteurer hier schlafen in Ställen. Läuft das nicht so? Worüber regt der Kerl sich so auf?«

»Ich hab ihm ein magisches Schwert gegeben, als Anreiz, hierherzukommen«, erklärte sie. »Deshalb konnte er von Anfang an hochrangige Quests absolvieren. Er ist hier wahrscheinlich nie in Geldnot geraten … Tja, so ergeht es den meisten Menschen, die mit speziellen Fähigkeiten oder Ausrüstung ausgestattet wurden.«

Überraschenderweise machten Aquas Worte mich wütend. Dieser Junge hatte hier nie für irgendwas hart arbeiten müssen, weil er von Anfang an irgendein verwunschenes Schwert gehabt hatte, und der wollte *mir* was erzählen? Mir, der ich mir alles hart erarbeitet hatte?

Mitsurugi, der meine Wut gar nicht bemerkte, schenkte den Mädchen ein mitleidiges Lächeln, als wolle er damit sein Mitgefühl ausdrücken. »Klingt, als hättet ihr Ladys eine harte Zeit gehabt. Aber jetzt könnt ihr euch mir anschließen. Ich werde nicht zulassen, dass ihr in einem Stall schlafen müsst, so viel ist sicher. Ich besorge euch die beste Ausrüstung. Und mit euch ist unsere Party perfekt ausgeglichen! Wir haben mich, einen Schwertmeister, und meine Gefährtin, eine Kriegerin, und dich, eine Paladin. Außerdem ergänzt sich meine Diebes-Freundin hier perfekt mit dieser Erzmagierin. Und natürlich haben wir noch Gebieterin Aqua. Eine ausgewogenere Party kann man sich nicht wünschen!«

Entschuldigung, ich habe meinen Namen nicht gehört. Nicht dass ich der Party dieses Penners beitreten wollen würde.

Nach Mitsurugis Versuch, meine gesamte Party abzuwerben, steckten meine Gefährtinnen flüsternd die Köpfe zusammen. Er war vielleicht ein egoistischer Idiot mit einem Erlöserkomplex, aber es war trotzdem ein verlockendes Angebot. Zweifellos hätte Aqua so eine bessere Chance, ihren Traum, den Dämonenkönig zu besiegen, zu verwirklichen. Schließlich musste sie das schaffen, um nach Hause zurückzukommen. Ich war zwar derjenige, der sie hergebracht hatte, aber vermutlich konnte sie zurück, egal wer den Oberschurken erledigte.

Ich schlich mich hinter sie, überzeugt, dass die Verlockungen sie nicht kalt lassen würden.

»Mann, der Kerl ist gefährlich – der bedeutet Ärger. Habt ihr gesehen, wie er einfach davon ausgegangen ist, dass wir mit ihm kommen würden? Was für ein Narzisst! Er macht mir irgendwie Angst.«

»Ich verstehe dieses Gefühl nicht. Normalerweise stecke ich gern die Strafe ein, aber zum ersten Mal würde ich sie gern austeilen.«

»Kann ich auf ihn schießen? Oh, ich würde ihm so gern eine Explosion in sein schmieriges Gesicht ballern!«

Wow, Mitsurugi, Alter. Fantastische Kritiken!

Aqua zupfte an meinem Ärmel. »Komm schon, Kazuma, lass uns zur Gilde zurückgehen. Ich hab dem Jungen vielleicht ein Schwert geschenkt, aber ich glaube nicht, dass ich ihm noch mehr von meiner Zeit schenken will.«

Ich hatte eigentlich auf eine Gelegenheit gehofft, ihm eine zu verpassen, bevor wir gingen, aber Aqua hatte wahrscheinlich recht. Der Klügere gab nach.

»Tja, scheint, als seien *all* meine Party-Mitglieder glücklich, wo sie sind. Trotzdem danke! Wenn du nichts dagegen hast, wir müssen eine abgeschlossene Quest melden ...«

Mit dem Pferd, das den Käfig zog, wollten wir aufbrechen ...

»Könntest du vielleicht aus dem Weg gehen?«, fragte ich genervt.

Mitsurugi stand direkt vor mir. Manche Leute verstanden einfach den Wink mit dem Zaunpfahl nicht.

»Es tut mir leid, aber Gebieterin Aqua hat mir das magische Schwert Gram gegeben, und ich kann nicht gestatten, dass sie weiter unter solchen Bedingungen lebt. Du kannst diese Welt nicht retten. Ich werde den Dämonenkönig besiegen. Gebieterin Aqua muss mit mir kommen.« Er hielt inne. »Du behauptest, dass du Gebieterin Aqua gewählt hast, um sie in diese Welt mitzubringen, ja?«

»Ganz genau.«

Ich hatte genug Manga gelesen, um zu wissen, was als Nächstes kommen würde. Er würde sagen ...

»In dem Fall, kämpf mit mir um sie. Du hast sie wie einen Gegenstand hierhergebracht? Dann setz sie auch als Wetteinsatz ein! Wenn ich gewinne, übergibst du mir Gebieterin Aqua. Wenn du gewinnst, werde ich eine Sache tun, die du von mir verlangst.«

»Okay, die Wette gilt! Los geht's!«

Genau wie ich erwartet hatte.

Ich hatte genug von diesem Kerl. Ich wartete nicht auf einen Countdown oder ein Zeichen – ich stürzte mich auf ihn.

Ich streckte die linke Hand mit der Handfläche auf ihn gerichtet aus, und mit der rechten zog ich mein Kurzschwert mitsamt Scheide und allem.

Der Sieg geht an den, der entschlossen ist – und im Krieg ist alles erlaubt!

Was war dreckiger? Ein Überraschungsangriff oder ein hochklassiger Schwertmeister mit einer magischen Klinge, der einen armen Abenteurer zu einem Duell herausforderte?

Ich war ziemlich sicher, dass Mitsurugi nicht erwartet hatte, dass ich ihn, noch während ich sprach, angreifen würde.

»Wa...?! Uwah! Halt!« Doch auch wenn er überrumpelt war, war er immer noch ein erfahrener Abenteurer. Im Bruchteil einer Sekunde hatte er sein Schwert gezogen und hielt es quer, um mich abzublocken.

Während mein Kurzschwert an seiner Klinge abprallte, streckte ich meine linke Hand aus und ...

»*Stehlen!*«

Während ich es ausrief, konnte ich spüren, wie das Gewicht eines Schwerts in meiner Hand erschien.

Die Klinge, die mein Kurzschwert aufgehalten hatte, war plötzlich aus Mitsurugis Hand verschwunden.

»Hä?«, ertönte ein Chor aus verwirrten Stimmen. Ich wusste nicht, wem sie gehörten. Wahrscheinlich allen anderen.

Mitsurugi hatte keine Antwort auf meinen »Stehlen«-Trick, und da nun nichts mehr zwischen uns stand, schlug ich ihm mit meinem Kurzschwert auf den Kopf.

»Das war ein dreckiger Trick! Du elender Betrüger! Du mieser, betrügerischer ...«

»Du bist echt das Letzte! Du bist ein armseliger, dreckiger Mistkerl! Kämpf gefälligst fair!«

Mitsurugis Gefährtinnen beschimpften mich, doch ich hörte ihnen nur amüsiert zu.

Mein Schwert hatte noch in seiner Scheide gesteckt, aber es war ziemlich schwer, und Mitsurugi hatte einen ganz schön heftigen Schlag eingesteckt. Er lag auf dem Boden und hatte die Augen nach hinten verdreht.

Seinem Gefolge erklärte ich: »Das heißt, dass ich gewonnen habe. Er hat gesagt, dass ich eine Sache von ihm verlangen kann, richtig? Tja, ich denke, ich werde dieses Schwert verlangen.«

Eins der Mädchen meinte aufgebracht: »Wa...?! S... Sei nicht albern! Das kannst du nicht haben! Und überhaupt, nur Kyoya kann mit diesem Schwert umgehen. Magische Klingen wählen ihre Meister selbst aus, und diese hat Kyoya erwählt. Sie wird dir nichts nützen!«

Mann, sie klang so von sich überzeugt.

Ich wandte mich Aqua zu. »Hat sie recht? Kann ich diese Waffe nicht einsetzen? Und da dachte ich, ich hätte endlich ein hochkarätiges Stück.«

»So leid es mir tut, aber sie sagt die Wahrheit. Gram gehört dem Bekloppten da drüben. Grams Meister kann es einsetzen, um übermenschliche Kräfte zu erlangen. Das Schwert schneidet durch Stein und Stahl wie durch Butter. Aber wenn du es einsetzt, Kazuma, ist es einfach nur ein normales Schwert.«

Ach Mann ...

Na ja, ich hatte es mir hart erarbeitet. Vielleicht sollte ich es trotzdem an mich nehmen.

»Okay, wenn er aufwacht, erinnert ihn daran, dass er angefangen hat. Er hat also keinen Grund, sich aufzuregen. Komm schon, Aqua, gehen wir zur Gilde und erstatten Bericht.«

Ich wandte mich ab, doch Mitsurugis Mädels hoben ihre Waffen.

»K… K… Keinen Schritt weiter!«

»Gib Kyoyas Schwert zurück! Wir weigern uns, deinen Sieg anzuerkennen!«

Ich streckte meine linke Hand mit ausgestreckter Handfläche den zwei Mädchen entgegen. »Na schön. Ich mach da keinen Unterschied. Ich hab kein Problem damit, ein paar Mädchen zu bestehlen. Erwartet nicht, dass ich mich zurückhalte. Und vergesst besser nicht, dass wir hier in der Öffentlichkeit sind, und es lässt sich nicht vorhersagen, *was* ich stehlen werde …«

Offensichtlich unbehaglich blickten die beiden auf meine Hand und traten ein paar Schritte zurück. Vielleicht hatten sie erkannt, in welcher Gefahr sie schwebten.

»Urgh …,«, konnte ich meine Party sagen hören.

Ich muss zugeben, ich bereute, dass sie mich so gesehen hatten.

Wir hatten es endlich zur Gildenhalle geschafft und zogen den geliehenen Käfig hinter uns her.

Da wir beschlossen hatten, Aqua die gesamte Belohnung zu geben, überließ ich es ihr und den anderen, Bericht zu erstatten, während ich das Pferd zurückbrachte und mein »magisches« Schwert an einem Ort deponierte, wo ich leicht drankam. Als ich schließlich zum Eingang der Gilde zurückkam …

»Aber waruuum?!«, hörte ich Aquas Gequengel. Sie war einfach nicht glücklich, wenn sie keine Szene machen konnte.

Als ich eintrat, sah ich, wie Aqua sich mit Tränen in den Augen an die Empfangsdame klammerte. »Ich sag doch, ich war es nicht, die den Käfig beschädigt hat! Das war ein Typ namens Mitsurugi! Warum muss *ich* dafür bezahlen?!«

Ach ja. Er hatte den Käfig aufgebrochen, um Aqua zu »helfen«. Und jetzt blieb sie auf der Rechnung sitzen. Nachdem sie sich noch eine Weile gewehrt hatte, fügte sie sich in ihr Schicksal, nahm ihre Belohnung und trottete zu unserem Tisch.

»Nach Abzug für den Käfig bleiben noch … hunderttausend Eris. Sie haben gesagt, der Käfig sei durch magische Rituale aus speziellen Metallen gefertigt und deshalb zweihunderttausend wert …«

Sie tat mir wirklich leid.

Jedenfalls machte sie keinen Hehl aus ihren Gefühlen für Mitsurugi. »Wenn ich ihn jemals wiedersehe, kriegt er einen ›Götterschlag‹ ins Gesicht! *Und* er wird mir das Geld für den Käfig zurückzahlen!«

Aqua setzte sich und blätterte wütend und zähneknirschend durch die Speisekarte.

Soweit es mich betraf, wollte ich ihn einfach nie wiedersehen.

Und während Aqua noch wütend vor sich hin grummelte …

»Hier hast du dich also versteckt – Kazuma Sato!«

Wenn man vom Teufel spricht. Mitsurugi und seine zwei Anhängsel standen im Eingang der Gildenhalle.

Mitsurugi – dem ich meinen vollen Namen nicht verraten hatte – kam zu unserem Tisch und schlug mit der Faust darauf. »Kazuma Sato! Eine gewisse junge Diebin hat mir nur zu gerne alles über dich erzählt – dass du ein Slip stehlender Teufel bist! Und deine Vorliebe, Mädchen in Schleim zu baden, ist weithin bekannt. Man nennt dich Kazuma den Hundesohn!«

»Halt, halt, halt – wer verbreitet so was?«

Ich hatte eine ziemlich genaue Vorstellung davon, wer diese

Diebin war – aber die anderen Gerüchte machten mir Sorgen. Irgendwelche Leute in dunklen Ecken bezeichneten mich also als Hundesohn? Und verbreiteten Geschichten über mich?

Mitsurugi kam mit ernstem Gesicht auf mich zu – aber in einer geschmeidigen Bewegung drängte sich Aqua zwischen uns.

»Gebieterin Aqua, ich schwöre, ich werde mein magisches Schwert von diesem Mann zurückholen und den Dämonenkönig besiegen. Also bitte ... bitte ... schließt Euch mir aaaaaargh!«

»Was?! Kyoya!« Ohne ein Wort verpasste Aqua Mitsurugi einen Kinnhaken und schickte ihn auf die Bretter.

Seine beiden Gefährtinnen eilten zu dem am Boden Liegenden. Er schien nicht zu begreifen, warum Aqua ihn geschlagen hatte.

Aqua dagegen ging entschlossen auf ihn zu und packte ihn am Kragen. »Die haben *mich* für den Käfig zahlen lassen, den *du* kaputt gemacht hast! Das zahlst du mir gefälligst zurück! Dreihunderttausend! Wusstest du, dass der Käfig aus speziellen Metallen war ... und in magischen Ritualen gefertigt? Der war teuer! Und jetzt raus mit der Kohle!«

Hatte sie nicht gesagt, dass er zweihunderttausend wert war?

Mitsurugi – der seinen schnell anschwellenden Bluterguss rieb, nach dem Schlag auf dem Hintern saß und von Aquas Angriff völlig überrumpelt war – zog höflich seine Geldbörse hervor und gab ihr das Geld.

Aqua nahm es und schlug die Speisekarte auf. Sie wirkte sehr zufrieden mit sich.

Mitsurugi hatte sich wieder gesammelt. Sichtlich frustriert von Aqua, die in einer Hand die Speisekarte hielt und mit der anderen fröhlich nach der Bedienung winkte, sagte er resigniert zu mir: »Auch wenn deine Methoden unehrenhaft waren, eine

Niederlage ist eine Niederlage. Und ich habe gesagt, dass du alles bekommen würdest, was du willst. Mir ist also klar, dass das, was ich jetzt sage, unverschämt klingt, aber … ich flehe dich an! Willst du mir nicht mein magisches Schwert zurückgeben? Es hat keinen besonderen Nutzen für dich. Wenn du es führst, schneidet es nicht besser und schlägt nicht härter zu als jede andere Waffe hier … Was sagst du? Wenn du ein Schwert willst, kaufe ich dir das beste, das der Laden zu bieten hat. Also, wirst du mir mein kostbares Gram wiedergeben?«

Er hatte recht, das *war* unverschämt.

Immerhin hatte ich Aqua, so nutzlos sie auch war, gewählt, um sie in diese Welt mitzunehmen. Anders gesagt war sie für mich, was das magische Schwert für ihn war. (Ob sie wirklich so viel wert war wie ein magisches Schwert? Fragt nicht.)

»Was denn, denkst du, es wäre entschuldbar, mich gegen ein magieloses Schwert zu verwetten? Oder willst du damit sagen, dass ich nur so viel wert bin wie das teuerste Schwert hier? Und so was will Ehre haben! Was hast du dir dabei gedacht, jemandem vorzuschlagen, eine Göttin bei einer Wette einzusetzen?! Ich kann deinen Anblick nicht mehr ertragen! Weg! Weg!«

Mitsurugi wurde bleich, als Aqua ihn mit der Speisekarte verscheuchte.

Tja, ich konnte ihr nicht verdenken, dass sie aufgebracht war – er war derjenige gewesen, der überhaupt erst mit der ganzen Sache angefangen hatte.

»G… G… Gebieterin Aqua, wartet! Natürlich weiß ich Euren Wert zu schätzen …«

Mitsurugis panisches Flehen wurde unterbrochen von Megumin, die ihn am Ärmel zog. »Hm? Ähem … kann ich dir helfen, Kleines …?«

Megumin deutete auf mich. Genau genommen auf meine Taille. »Erst mal sollte dir aufgefallen sein, dass er das magische Schwert nicht mehr trägt.«

Als Mitsurugi bemerkte, dass das Schwert nicht an meiner Hüfte hing, blieb ihm fast die Spucke weg. »K... Kazuma Sato! Wo ist Gram? Was hast du mit meinem Schwert gemacht?!« Er klammerte sich an mich, und Schweiß rann über sein Gesicht.

Ich hatte nur zwei Worte für ihn: »Hab's verkauft.«

»Verdammt noch mal!« Schluchzend rannte Mitsurugi aus der Gildenhalle.

»Mann, was hat der eigentlich?« Mitsurugi war gerade aus der Gildenhalle geflohen. Darkness kam auf Aqua zu, und der gesamte Raum beobachtete uns nach der ganzen Aufregung neugierig. »Außerdem ... nennt er dich die ganze Zeit Göttin, Aqua. Was soll das?«

Tja, er hat es so oft gesagt, irgendwann musste es ja jemandem auffallen.

Aber wir hatten es so weit geschafft. Vielleicht war es Zeit, Megumin und Darkness die Wahrheit zu sagen.

Ich sah zu Aqua, und sie nickte, als hätte sie verstanden. Dann wandte sie sich mit untypisch ernster Miene Darkness und Megumin zu. Die beiden spürten Aquas Stimmung und hörten genauso ernst zu.

»Ich hab das bisher für mich behalten, aber euch zwei kann ich es sagen. Ich bin Aqua – die Wassergöttin, die von der axistischen Kirche angebetet wird. Es stimmt! Ich – ja, ich – bin die Göttin Aqua!«

»Hast du dir das zusammengeträumt?«, fragten die beiden unisono.

»Nein, hab ich nicht! Und warum sprecht ihr überhaupt im Chor?«

Ich schätze, das war wohl zu erwarten gewesen …

Und da passierte es.

»*Achtung! Achtung!* Alle Abenteurer haben sich voll ausgerüstet am Haupttor zu versammeln!«

Der vertraute Klang einer Notfalldurchsage hallte durch die Straßen.

»Schon wieder? Davon gibt es in letzter Zeit aber verdammt viele.«

Mussten wir *wirklich* da hin?

Wahrscheinlich ja. Aber es nervte einfach nur, so bald nach der Sache mit Mitsurugi …

Ich stemmte mich vom Tisch hoch.

»*Achtung! Achtung!* Alle Abenteurer haben sich voll ausgerüstet am Haupttor zu versammeln! Würden sich vor allem Abenteurer Kazuma Sato und seine Party bitte beeilen?«

»*Was …?*«

Och Mann, was war denn jetzt schon wieder?

Kapitel 4

Auf dass dieser sinnlose Kampf ein Ende haben möge!

1

Ich rannte zum Marktplatz. Megumin, Aqua und ich trugen alle nur leichte Rüstung und kamen deshalb schnell voran. Darkness mit ihrer schweren Ausrüstung bildete das Schlusslicht.

»Ich wusste es. *Der* schon wieder.«

Als wir ankamen, hatten sich bereits einige Abenteurer versammelt. Eine Gruppe Neulinge hielt sich bewusst vom Tor fern, wo *er* stand.

Ganz genau – der General des Dämonenkönigs. Der Dullahan.

Ich bemerkte, wie blass die anderen Abenteurer wirkten, aber erst als ich hinter den Dullahan blickte, verstand ich, warum.

Dieses Mal war er nicht allein.

Eine Horde Monster – Ritter in zerfallender Rüstung – stand hinter ihm. Wenn man zu genau betrachtete, was in den Rüstungen steckte, würde man wahrscheinlich sein Mittagessen von sich geben oder dauerhaft traumatisiert werden ... Zwischen den verbeulten Panzerungen und hinter den zerbrochenen Visieren konnte man Blicke auf verrottetes Fleisch erhaschen.

Man musste kein Abenteurer sein, um erkennen zu können, dass sie untot waren.

Als der Dullahan Megumin und mich entdeckte, brüllte er: »Warum seid ihr nicht zu meinem Schloss gekommen, ihr Halunken?«

Ich trat vor Megumin, schirmte sie mit meinem Körper ab und sagte: »Ähm ... Warum sollten wir? Und wer ist hier ein Halunke?

Wir haben nicht eine Explosion ausgelöst, seit du uns gesagt hast, wir sollen aufhören. Warum bist du so aufgebracht?«

Als er das hörte, hob der Dullahan das Objekt in seiner linken Hand und hätte es *fast* zu Boden geschleudert, bevor er sich erinnerte, dass es sein eigener Kopf war. Schnell drückte er ihn wieder an sich.

»Ihr habt also nicht eine Explosion verursacht, ja? Keinen magischen Angriff? Lächerlich! Deine irre Freundin vom Roten Dämon war jeden einzelnen Tag da!«

»Hm?« Ich sah Megumin an.

Sie wandte sich ab.

»Du bist zu seinem Schloss gegangen? Ich hab dir gesagt, das sollst du nicht, und du bist trotzdem gegangen?!«

»Auuuaaaaa! Das tut weh! Du missverstehst das, Kazuma! Lass es mich erklären! Früher hat es mir gereicht, meine Explosionen auf ein leeres Feld zu feuern, a… aber jetzt, wo ich die Freude gekostet habe, ein Schloss in die Luft zu jagen, muss ich meinen Zauber auf etwas Großes, Hartes richten …«

»Ich weiß, was es bedeutet, wenn du so hibbelig wirst! Und außerdem kannst du dich nicht bewegen, nachdem du ›Explosion‹ heraufbeschworen hast. Was bedeutet … dass du einen Komplizen gehabt haben musst! Also, wer war es?«

Aqua sah, wie ich Megumin am Ohr zog, und wandte sich plötzlich ab.

Ich atmete tief durch. »*Duuuu* warst das?!«

»Iaaaah! Wir wollten uns nur rächen, weil er uns davon abhält, gute Quests zu bestreiten! *Er* ist der Grund, warum ich jeden Tag von meinem Boss angeschrien werde.«

Entschuldigung, aber ich glaube, das liegt eher an deiner schlampigen Arbeit.

Während ich die fliehende Aqua hinten am Kragen packte, sprach der Dullahan weiter: »Was mich am meisten ärgert, ist, dass du auf deinem lächerlichen Feuerwerk bestehst – aber kein Bedürfnis hast, deiner Freundin zu helfen! Bevor ich ungerechtfertigt zum Tode verurteilt und von meiner Wut in das Monster, das jetzt vor dir steht, verwandelt wurde, war ich ein Ritter. Und als Ritter sage ich dir – eine Paladin im Stich zu lassen, die dich mit ihrem eigenen Körper selbstlos vor meinem Fluch geschützt und ihr Leben gegen deins eingetauscht hat, der Inbegriff der Ritterehre ...«

In diesem Moment kam Darkness endlich an meiner Seite an, ihre schwere Rüstung schepperte bei jeder Bewegung. Die Lobeshymnen des Dullahan hatten sie rot werden lassen.

Ihre Blicke trafen sich. »H... Hey!« Darkness winkte dem Dullahan fast schon entschuldigend zu.

»W... Waaaa...?!«, brüllte der Dullahan. Seine Miene war hinter dem Visier nicht zu sehen, aber ich vermutete, dass ihm der Schrecken ins Gesicht geschrieben stand.

»Och, was ist denn? Überrascht, dass Darkness gesund und wohlauf ist? Obwohl schon über eine Woche vergangen ist? Hast du die ganze Zeit in deinem kleinen Schlösschen auf uns gewartet? Ohne zu ahnen, dass ich den Fluch, der auf Darkness lag, ungefähr ... fünf Minuten nachdem du weg warst, gebrochen habe? Pffft! Also echt! Das ist einfach zu viel!« Aqua zeigte auf den Dullahan und schüttelte sich vor Lachen.

Ich musste das Gesicht des Dullahan nicht sehen. Seine Schultern bebten. Er kochte vor Wut.

Aber schließlich hatte Aqua den Fluch wirklich gebrochen, und warum sollten wir ohne triftigen Grund gradewegs in seine Falle laufen?

»Weißt du eigentlich, mit wem du dich hier anlegst, du unverschämtes Gör?! Wenn ich wollte, könnte ich alle Abenteurer in dieser Stadt auslöschen und alle Bewohner hinrichten! Denkt nicht, dass ich für immer ein Auge zudrücken werde! Mein unsterblicher Körper kennt keine Müdigkeit. Ihr seid nichts weiter als Küken, die vor dem Wolf sitzen – ihr habt keine Chance gegen mich!«

Aquas Sticheleien hatten den Dullahan offensichtlich zur Weißglut getrieben. Seine Wut ging regelrecht in Wellen von ihm aus.

Bevor er jedoch einen Angriff starten konnte, streckte Aqua ihre rechte Hand aus und rief: »*Du* wirst kein Auge zudrücken?! Was ist mit mir? Du hast vielleicht Nerven, diesen ganzen Ärger zu veranstalten! Und jetzt geh dahin zurück, wo du hergekommen bist, Monster – *Untote erlösen!*«

Ein weißes Licht schoss aus Aquas Hand.

Doch der Dullahan machte keine Anstalten zu fliehen – er beobachtete Aqua einfach nur, als würde ihm ihre Magie nichts ausmachen.

Ich schätze, man braucht dieses Selbstvertrauen, wenn man einer der Generäle des Dämonenkönigs ist.

Das weiße Licht, das von Aqua ausging, schloss den Dullahan ein ...

»Denkst du, die Diener des Dämonenkönigs würden in die Schlacht ziehen, ohne Maßnahmen gegen Priester zu ergreifen? Dummkopf! Nicht nur ich, sondern jeder Untote Ritter bei mir ist durch die Gnade Seiner Majestät des Dämonenkönigs immun gegen heilige Magiiiii...aaaggh!«

Wo das Licht ihn berührte, stieg schwarzer Rauch auf.

Doch obwohl er rauchte und zitterte und sein Selbstvertrauen gebrochen war, blieb der Dullahan standhaft.

»Ich verstehe nicht, Kazuma!«, schrie Aqua. »Es funktioniert nicht!«

Ich weiß nicht, ich hätte behauptet, dass es ziemlich gut funktionierte, wenn ich mir die gequälten Schreie und all das so anhörte.

»Ha ha ha ha ha ha! Deshalb solltest du mich nicht unterbrechen, Mädchen. Ich bin Beldia – Dullahan und General des Dämonenkönigs! Seine Majestät hat meine Rüstung persönlich gesegnet, und zusammen mit meinen eigenen Kräften macht mich das immun gegen dein lächerliches ›Untote erlösen‹! Immun, klar? Sag, Priesterin, was für ein Level hast du eigentlich? Bist du wirklich eine Anfängerin? Das hier *ist* doch eine Anfängerstadt, oder nicht?« Er hielt die Hand, die seinen Kopf hielt, leicht schräg. Wahrscheinlich sollte das fragend wirken.

»Na ja, auch egal. Ich bin hergekommen, um Nachforschungen anzustellen, nachdem unser Wahrsager was von einem großen Licht gefaselt hat, das in der Nähe dieser Stadt heruntergekommen sein sollte ... Aber das ist zu viel Aufwand. Wir sollten diesen Ort einfach von der Landkarte tilgen!«

Beldia, der seinen Kopf immer noch in der linken Hand hielt, streckte seine Rechte in die Höhe. »Hmpf! Mit euch Gesindel muss ich mich nicht auseinandersetzen. Schergen! Bringt die Hölle über diese respektlosen Hunde!«

»Hey! Er rennt vor Angst weg, weil Aquas Magie doch gewirkt hat! Er bringt sich in Sicherheit und überlässt es seinen Handlangern, gegen uns zu kämpfen!«

»D... D... Das stimmt nicht! Das war von Anfang an mein Plan! W... Wie kannst du es wagen, anzudeuten, dass ein General des Dämonenkönigs sich so feige verhalten würde?! Man fängt nicht gleich mit dem Endboss an. Erst kämpft man gegen die Handlanger, dann gegen den Boss. So läuft das seit undenklichen Zei...«

»*Heiliger Untotenerlöser!*«

»Iiiiiaaarrrghh!« Beldias Toben verwandelte sich in einen Schrei, als Aquas Magie ihn traf.

Ein Kreis bildete sich um seine Füße, und ein weißes Licht schoss daraus in den Himmel.

Rauch stieg von Beldia auf. Er warf sich auf den Boden und rollte sich herum, als stünde seine Rüstung in Flammen.

»W... Was sollen wir tun, Kazuma?! Ich wusste, irgendwas stimmt nicht! Meine Magie funktioniert bei ihm kein bisschen!«

Ich glaube wirklich, dass »Iargh!« bedeutet, dass sie funktioniert.

Andererseits wirkte »Untote erlösen« normalerweise sofort.

Das könnte bedeuten ...

»W... Warum, du ...! Lass mich wenigstens einmal aussprechen! Also schön – Schergen!« Obwohl er immer noch an einigen Stellen rauchte, hob Beldia seine rechte Hand. »Vernichtet diese Stadt und jeden, der sich darin aufhält!«

Er senkte seine Hand.

2

Untote Ritter.

Sie waren eine Klasse von Zombies, und auch wenn ihre Rüstung nicht viel hermachte, trugen sie sie mit Stolz. Diese Monster waren mehr als ausreichend, um die Abenteurer-Newbies zu terrorisieren.

»Oh nein! Ein Priester! Ruft einen Priester!«

»Jemand soll zur Kirche von Eris gehen und sämtliches Weihwasser holen, das er finden kann!«

Die panischen Schreie der Abenteurer hallten durch die Straßen, während die Untoten Ritter auf die Stadt zumarschierten.

Abenteurer reihten sich auf, um sich den Monstern entgegenzustellen.

Und Beldia sah all dem lachend zu. »Ah ha ha ha ha! Ich werde eure Schreie der Verzweiflung genießen! Eure ... Schreie ...«

Ein Ruf aus der Menge hatte seinen Jubel unterbrochen.

»Iiiiieks! Warum seid ihr alle hinter mir her?! Ich bin eine Göttin! Mein Leben sollte nicht so schwer sein!«

»Och, das ist nicht fair! Mein Leben ist nicht schwer. Warum greift ihr mich nicht an?«

Das waren Aqua, die irgendwelches wenig göttinnenhaftes Zeug kreischte, und Darkness, die ihren Neid hinausschrie.

Die Ritter hatten sich nicht auf die Stadtbewohner gestürzt, sondern waren aus irgendeinem Grund gnadenlos hinter Aqua her.

»N... Nein, ihr Trottel! Lasst euch nicht von einer einzelnen Priesterin ablenken! Da sind auch noch andere Abenteurer! Und Stadtbewohner! Ich will ein Blutbad sehen!« Beldia klang mehr als nur ein bisschen verzweifelt.

Vielleicht wurden seine hirnlosen Schergen auf natürliche Weise von Aqua angezogen, weil sie eine Göttin war und ihnen Erlösung bringen konnte.

Das war nur eine Theorie. Aber es spielte auch keine Rolle. Wichtig war, dass das unsere Chance war!

»Hey, Megumin! Glaubst du, du kannst eine Explosion mitten in diese Untoten Ritter jagen?«

»Was?! Aber wir sind mitten in der Stadt – denk doch nur an den Kollateralschaden!«

Und dann passierte es.

»Gebieter Kazumaaaa! Oh, großer Kazumaaaa!« Aqua rannte auf mich zu, eine Horde Untoter Ritter im Schlepptau.

Wa...?!

»Du Dummkopf! Halt! Bleib weg! Wenn du jetzt umdrehst, lad ich dich nachher zum Abendessen ein!«

»Ich lad *dich* ein – aber tu was gegen diese Untoten! Die sind nicht normal! Mein ›Untote erlösen‹-Zauber hat sie nicht verschwinden lassen!«

Verdammt! War es das, was Beldia mit dem Segen des Dämonenkönigs gemeint hatte?

Nein ... halt. Einen Moment mal!

»Megumin! Geh raus vors Tor und fang mit deiner Beschwörung an!«

»Was? J... Ja, okay!«

Damit rannte ich selbst zum Tor, Aqua und die Monster dicht auf den Fersen. Ich rannte extra auch an den wenigen Untoten Rittern vorbei, die mit anderen Abenteurern kämpften, um so viele wie möglich zu unserer Sammlung hinzuzufügen ...

Und dann ...

»Kazuma, biiiiiitte! Die Ritter? Die Untoten? Sie sind *direkt hinter mir*!«

Ich drehte mich um und sah eine riesige Armee von Beldias Handlangern, die uns verfolgte.

Aqua und ich passierten das Tor. Dann kamen die Ritter hindurch. Und dann ...

»Megumin, jetzt!«

Auf mein Signal hob Megumin ihren Zauberstab, und ihre Augen leuchteten rot auf. »Einen besseren Moment hätte ich mir nicht erträumen können! Danke, Kazuma, meinen aufrichtigsten Dank! Mein Name ist Megumin! Stärkste Magierin des Clans des Roten Dämons und Beherrscherin von ›Explosion‹! Oh, Beldia, General des Dämonenkönigs, sieh meine Macht! *Explosion!*«

Megumins geliebter Zauberspruch schlug mitten in der Zombiehorde ein.

3

Der magische Einschlag hatte einen riesigen Krater direkt vor dem Stadttor hinterlassen. Von den Untoten Rittern gab es keine Spur.

Alle waren überwältigt von der Intensität des Zaubers.

»Ha ha ha«, erklang Megumins triumphierende Stimme. »Wie es scheint, hat der Anblick meiner Macht euch allen die Sprache verschlagen ... Ha ha ha ... Wenn ich das so sagen darf, das war unglaublich ... *befriedigend ...*«

»Soll ich dich tragen?«

»J... Ja, bitte.«

Megumin brach mit dem Gesicht voran zusammen. Ich lud sie mir auf den Rücken.

»Pah! Iih! Ich hab Sand im Mund!« Aqua war den Rittern am nächsten gewesen. Jetzt spuckte sie im Gehen Dreckpartikel aus. Die Druckwelle hatte eine Menge Staub aufgewirbelt.

Durch den Rauch, der immer noch aus dem Krater aufstieg, konnten wir die Jubelschreie der Abenteurer in der Stadt hören.

»Juhu! Gut gemacht, irres Kind!«

»Die verrückte Kleine vom Clan des Roten Dämons hat's geschafft!«

»Sie ist genauso verrückt, wie ihr Name seltsam ist, aber wenn's drauf ankommt, ist sie zur Stelle! Ich bin ab sofort ihr Fan!«

Ich konnte spüren, wie sich Megumin unter den Lobpreisungen der Stadt wand. »Entschuldige. Könntest du mich bitte da rüber tragen? Ich würde diese Leute gern mit einer Explosion loswerden.«

»Du hast deine Zauber für heute aufgebraucht. Aber das hast du wirklich gut gemacht. Du solltest stolz auf dich sein. Brust raus und gönn dir eine Pause. Du hast sie dir verdient.«

Besänftigt kuschelte sich Megumin an mich. Ich konnte spüren, wie sich etwas Weiches gegen meinen Rücken drückte ...

Etwas ... Weiches ...?

Wahrscheinlich streckte sie die Brust raus, wie ich es ihr gesagt hatte, aber man merkte kaum etwas.

Tja, so ist das halt bei Lolis.

»Mitglieder des Clans des Roten Dämons sind sehr intelligent«, meinte Megumin plötzlich hinter mir. »Soll ich raten, was du gerade denkst, Kazuma?«

»Ich dachte nur gerade, dass du ganz schön schmal bist unter der ganzen Rüstung.«

Ich behandelte sie wie ein kleines Kind, und sie wusste es. Einen Moment lang dachte ich, sie würde mich erwürgen.

Doch Beldia stand am Stadttor und beobachtete uns. Genauer gesagt musterte er Megumin auf meinem Rücken. Langsam fingen seine Schultern an zu beben.

Wir hatten seine untoten Handlanger vernichtet. Es war nur natürlich, dass er sauer war.

Oder auch nicht ...

»Buwah ha ha ha ha! Hervorragend! Großartig! Ich hätte nie erwartet, dass es in dieser Anfängerstadt tatsächlich jemanden gibt, der all meine Unterlinge besiegen kann! Also ... werde ich mein Versprechen halten!«

Moment mal ...

Halt! Stopp!

»Ich werde mich euch selbst im Kampf stellen!«

Und damit zog Beldia sein Schwert und stürmte auf uns zu.

4

Bevor Beldia uns erreichen konnte, eilten mehrere Abenteurer zu uns, um uns zu beschützen, und umzingelten ihn mit gezückten Waffen.

Beldia studierte seine Lage, und dann zuckte er, in einer Hand seinen Kopf, in der anderen sein Schwert, lässig mit den Schultern. »Hmm? Ich bin hauptsächlich an *denen* interessiert, aber ... Ha ha! Verstehe. Sollte es einem von euch gelingen, mich niederzustrecken, winkt sicher eine gewaltige Belohnung. In Ordnung! Ihr Abenteurer träumt vom schnellen Geld? Dann kommt und verdient es euch!«

Als der Dullahan schnelles Geld erwähnte, wurden die Abenteurer, die ihn umringten, ganz hellhörig.

Einer, ein Krieger, wenn ich hätte raten sollen, rief den anderen zu: »Mir egal, wie stark er ist, hinten hat er keine Augen! Bildet einen Kreis, und dann greifen wir ihn alle gleichzeitig an!«

Trottel! Damit hatte er gerade sein Todesurteil unterschrieben.

»Hey«, rief ich dem Kanonenfutter zu. »Wir reden hier vom General des Dämonenkönigs! Denkst du, er würde auf so einen Trick reinfallen?«

Noch während ich sprach, hob ich mein eigenes Schwert, um ihnen zu helfen ...

… und hielt inne. *Denk nach!* Ich war praktisch der Schwächste hier. Was würde passieren, wenn ich ihn angriff?

Wichtig war jetzt, Megumin in Sicherheit zu bringen.

Und dann was?

Megumin hatte ihr Mana aufgebraucht. Aquas Magie wirkte nicht.

Vielleicht wäre der beste Plan, einfach wie der Teufel wegzurennen.

Während ich noch diesem Gedanken nachhing, machte der Krieger ernst, Beldia anzugreifen. »Ich muss ihn nicht töten! Ich muss uns nur ein bisschen Zeit verschaffen! Das Ass der Stadt muss den Alarm gehört haben – er wird kommen! Wenn wir durchhalten, bis er kommt, war's das – General des Dämonenkönigs hin oder her! Kommt schon, Leute, er muss eine Schwachstelle haben! Greifen wir ihn von allen Seiten an!«

Beldia, der dem brüllenden Krieger gegenüberstand, nahm seinen Kopf und … warf ihn in die Luft.

Das Ass der Stadt? Wer konnte das sein? Wahrscheinlich irgendein berühmter, mächtiger Abenteurer …

Beldias Kopf schwebte über dem Schlachtgetümmel und drehte sich, bis er mit dem Gesicht gerade nach unten blickte.

Ich bemerkte es und erstarrte.

Genauso wie alle anderen – jeder, der zusah, schien es zur selben Zeit erkannt zu haben.

»Halt! Bleibt zu…«, riefen wir und versuchten, die namenlosen Abenteurer zurückzuhalten.

Beldia reagierte auf den auf ihn einstürmenden Kreis von Abenteurern, als hätte er alles im Blick.

»Hä?«, hörte ich einen Abenteurer ächzen, als er niedergestreckt wurde.

Ich fragte mich, wer er war.

Nachdem er all seine Angreifer aufgehalten hatte, packte Beldia sein Schwert mit beiden Händen.

In einem einzigen Augenblick hatte er alle Abenteurer niedergemäht, die ihn angegriffen hatten. Leute, die vor wenigen Sekunden noch gelebt hatten, waren plötzlich nicht mehr, mit leerem Blick lagen sie schlaff da.

Es war grauenhaft. Es war unerträglich. Es war eine Erinnerung daran, dass diese Welt allzu real war.

Das Geräusch von Menschen, die zu Boden gingen. Beldia lauschte ihm zufrieden, dann hob er eine Hand. Mit ausgestreckter Handfläche fing er geschickt seinen Kopf. Es schien ihn nicht die geringste Anstrengung gekostet zu haben, eine ganze Truppe Abenteurer zu töten.

»Wer ist der Nächste?«, fragte er leichthin.

Die verbliebenen Abenteurer erzitterten bei seinen Worten.

Doch die Stimme eines Mädchens erhob sich: »D... Du fieser Kerl! Warte nur, bis Mitsurugi hier ist! Er erledigt dich mit einem Streich!«

Was?

Mir blieb fast das Herz stehen.

Mitsurugi? Der Typ, dessen magisches Schwert ich genommen und dann verkauft hatte? *Der* Mitsurugi?

»Genau!«, rief eine andere Stimme. »Warte nur! Wenn dieser Junge und sein magisches Schwert hier sind, kann nicht mal der General des Dämonenkönigs ...«

»Beldia, richtig? Wir sind vielleicht eine Anfängerstadt, aber wir haben auch ein paar mächtige Freunde!«

Oh scheiße, scheiße, *scheiße*!

Die einzige andere Person in dieser Stadt außer Mitsurugi, die eine Chance gegen Beldia hatte, war Aqua. Und die ignorierte den Dullahan komplett. Aus irgendeinem Grund huschte sie von einem gefallenen Abenteurer zum nächsten und legte ihnen die Hand auf.

Vielleicht tat sie, was Göttinnen so tun; ihnen ein letztes Gebet auf dem Weg ins Jenseits mitgeben.

Beldia stand gelangweilt da und betrachtete sein Werk. Schwer gepanzerte Abenteurer lagen tot zu seinen Füßen, und jetzt würde sich keiner mehr mit ihm anlegen ...

»Oho! Willst du mein nächstes Opfer sein?«

Beldia hielt seinen Kopf in der linken und sein Schwert in der rechten Hand. Auf seiner Handfläche streckte er seinen Kopf aus, um Darkness zu mustern, die vorgetreten war, um Megumin und mich zu schützen.

Mit uns beiden hinter sich und gezogenem Schwert war Darkness nicht mehr die komische Perverse, die mir so viel Ärger bereitete, sie war eine Paladin, mit der ich mich stolz überall gezeigt hätte.

Beldia hatte gesehen, wie mächtig Aqua und Megumin waren. Er ging vermutlich davon aus, dass Darkness auch noch ein paar Tricks im Ärmel hatte. Er stand ihr gegenüber und rührte sich nicht.

Darkness' weiße Rüstung erstrahlte im Sonnenlicht und stand in starkem Kontrast zu Beldias pechschwarzer.

Auch die Abenteurer, die ihn zuvor angegriffen hatten, hatten alle Rüstung getragen. Aber das Schwert des Generals des Dämonenkönigs hatte sie durchdrungen wie Papier. Darkness rühmte sich damit, mehr einstecken zu können als alle anderen – aber würde das reichen, um seinen Angriffen standzuhalten?

Darkness, die zu bemerken schien, dass ich mit mir rang, ob ich sie aufhalten sollte, sagte tapfer zu mir: »Keine Sorge, Kazuma. Ich kann Schläge besser wegstecken als jeder andere. Und Skills haben auch Einfluss auf Waffen und Rüstung. Ich will nicht leugnen, dass Beldia ein hervorragendes Schwert hat. Aber ein Schwert allein reicht nicht, um Rüstung so zu durchdringen, wie er es getan hat. Mir scheint, dass Beldia sich auf Angriffsskills spezialisiert hat. Wir werden also sehen, wer besser ist. Sein Angriff ... oder meine Verteidigung!«

Tatsächlich wirkte sie selbst ungewöhnlich angriffsbereit.

»Gib's auf! Es sind nicht nur die Angriffe – er verfügt auch über hervorragendes ›Ausweichen‹. Hast du gesehen, wie er all seinen Gegnern ausgewichen ist? Du kannst nicht mal ein stillstehendes Ziel treffen! Was hast du vor?«

Während ich sprach, nahm Darkness ihren Blick nicht von Beldia. »Als Paladin – als jemand, dessen Bestimmung es ist, zu beschützen ... gibt es eine Sache, bei der ich niemals nachgeben werde. Lass mich das machen.«

Ich hatte keine Ahnung, wovon sie redete – aber auch Darkness hatte wahrscheinlich ihre Gründe, zu kämpfen.

Ich stand schweigend da, als Darkness ihr riesiges Schwert zog und auf Beldia einstürmte.

»Oho! Ein streitsüchtiges Ding! Ich war auch mal ein Ritter – könnte ich mir einen besseren Gegner wünschen als eine Paladin? Na, dann komm!« Beldia stellte sich ihr entgegen. Er betrachtete die riesige Klinge, die Darkness schwang, und duckte sich in eine tiefe Ausweichposition, als hätte er Angst, einen Hieb ihres Schwerts einzustecken.

Darkness lehnte sich in ihr Schwert, als wollte sie ihn mit ihrem gesamten Körpergewicht rammen ...

... und dann grub sie die Klinge wenige Zentimeter vor Beldia in den Boden. Hatte sie sich vielleicht in der Entfernung verschätzt?

»Hm?«, machte Beldia nur. Überrascht starrte er Darkness an. Alle anderen Abenteurer um sie herum trugen denselben Gesichtsausdruck.

Mann! Kann sie nicht wenigstens was treffen, das sich nicht mal bewegt?!

Sie gehörte vielleicht zu meiner Party, aber – echt jetzt?! Ich hatte gehört, dass Anfänger ihr Schwert so unkontrolliert herumschwangen, dass sie sich selbst den Fuß abhackten. Aber das?

Darkness selbst wirkte kein bisschen verdrossen. Sie trat einfach einen Schritt vor, ging in Position und hielt ihr Schwert zur Seite gestreckt. Ihre Wangen waren leicht gerötet und verrieten eine Spur von Scham, weil sie ihr Ziel nach diesem dramatischen Anlauf verfehlt hatte.

Vielleicht war das die richtige Taktik, denn Beldia duckte sich noch tiefer, bereit, ihr auszuweichen. »Was für eine Enttäuschung. Genug jetzt ...« Er klang fast schon gelangweilt. Beiläufig schlug er auf Darkness ein, und die Klinge fuhr von einer Schulter zur anderen Hüfte quer über ihren Körper.

»Also ... wer ist der ... Nächste? Was?!«

Ohne Zweifel hatte er geglaubt, sie ausgeschaltet zu haben. Doch Beldias Schwert war einfach nur über Darkness' Rüstung geschrappt und hatte nichts weiter bewirkt als einen Kratzer und ein ohrenbetäubendes Kreischen.

Darkness trat zurück und brachte ein bisschen Abstand zwischen sich und den Dullahan. »Och Mann! M... Meine brandneue Rüstung ...«, grummelte sie, als sie erst den langen Riss betrachtete und dann Beldia anfunkelte.

Der Einschnitt war tief, aber nicht tief genug, um Darkness zu verwunden. Mit anderen Worten …

»W… Was bist du?! Du widerstehst meinem Hieb, ohne gespalten zu werden … Diese Rüstung muss ein Meisterwerk sein. Und doch … selbst wenn es so ist … Deine Hohepriesterin … deine explosionsfreudige Erzmagierin … Ihr seid alle …«

Während Beldia noch vor sich hin murmelte, mischte ich mich unter die anderen Abenteurer. Ich reichte Megumin einem von ihnen, drehte mich dann um und rief: »Darkness! Du kannst seinen Angriffen widerstehen! Ich komme – überlass den Angriff mir!«

Darkness nickte, ohne den Blick von Beldia abzuwenden. »In Ordnung. Aber ich habe eine Bitte – hilf mir, gegen dieses Monster wenigstens einen Treffer zu landen!«

Ich rief zurück, dass ich verstanden hatte. Dann wandte ich mich an die umstehenden Abenteurer: »Alle Magier, aufgepasst!«

Meine Worte schienen alle wieder in die Gegenwart zurückzubringen. Jeder, der irgendwelche Zauber kannte, fing eilig an, seine Magie vorzubereiten. Alle anderen suchten nach einer anderen Möglichkeit zu helfen.

Wir standen hier einem General des Dämonenkönigs gegenüber. Ein mächtiger Gegner war vor unserer Türschwelle aufgetaucht. Es gab keinen Grund, ihn ungeschoren ziehen zu lassen.

Doch Beldia hatte sein Schwert in den Boden gesteckt und deutete mit seiner leeren rechten Hand auf einen Beschwörungsformeln sprechenden Magier nach dem anderen. »In einer Woche! Werdet ihr alle! Sterben!«

Er belegte alle Magier gleichzeitig mit seinem Todesfluch. Und als sie die Erkenntnis traf, dass sie sterben würden, hörte einer nach dem anderen mit seinen Beschwörungen auf.

Andere Magier, die sich darauf vorbereitet hatten, sich am Kampf zu beteiligen, warfen einen Blick auf ihre verfluchten Kameraden und sahen tunlichst davon ab, irgendwelche Beschwörungen zu sprechen.

Dreckiger Dullahan! Das war ein gemeiner Trick!

»Wie wäre es jetzt mit einem richtigen Test?« Während er das rief, warf Beldia seinen Kopf wieder in die Luft.

Ob ein Bogenschütze den Kopf wohl abschießen könnte?

Ich grübelte noch darüber nach, als Beldia sein Schwert mit beiden Händen packte und auf Darkness zustürmte.

Genau wie beim letzten Mal blickte sein Helm zu Boden. Dadurch musste er das gesamte Schlachtfeld im Blick haben – Luftaufklärung sozusagen.

Ohne tote Winkel war es einfacher, zu erahnen, wohin sich sein Gegner ducken würde.

Hinter mir brüllte Megumin aufgebracht: »K… Kazuma! Darkness ist …«

Ich blickte mich auf dem Platz um. Fast alle Abenteurer der Stadt hatten sich versammelt. Einige kannte ich.

Da war der, der mir die Schwachstellen einiger Monster erklärt hatte.

Ein Mädchen hatte einen Bogen gespannt, hielt den Schuss jedoch zurück, aus Angst, dass sie Darkness statt Beldia treffen könnte. Durch sie hatte ich Neroid kennengelernt.

Der ältere Typ, der mich in der Gildenhalle aufgezogen hatte, weil ich keinen Alkohol trank, hielt einen Speer und versuchte, sich hinter Beldia zu schleichen.

Wenn Darkness fiel, würde Beldia all diese Menschen vielleicht wirklich töten. Einfach aus einer Laune heraus.

Darkness … Darkness selbst schien sich dessen auch bewusst

zu sein. Sie hatte die flache Seite ihres riesigen Schwerts dem heranstürmenden Feind entgegengestreckt. Wie ein Schild stand sie unbewegt da. *Triff mich*, schien ihre Pose zu sagen. *Nur nicht am Kopf, denn ich trage keinen Helm.*

»Ich mag die Ungestümen!«, rief Beldia. »Wie wäre es *hiermit*?!« Er nahm sein Schwert in beide Hände und ließ einen Schlag nach dem anderen auf Darkness herabregnen, mehr als ein Sterblicher hätte ausführen können.

Eins, zwei, drei, vier ...

Bald waren es zehn Schläge und mehr. Jeder erzeugte ein kreischendes Geräusch, wenn Metall auf Metall traf, und hinterließ eine Delle in Darkness' Rüstung.

Jeder dieser Hiebe hätte einen durchschnittlichen Abenteurer niedergestreckt. Doch Darkness widerstand ihnen allen, ohne mit der Wimper zu zucken.

Ein paar Strähnen ihres goldenen Haars, die von der Klinge erwischt worden waren, tanzten durch die Luft.

Beldia ließ einen Moment von ihr ab, um seinen Kopf aufzufangen, der aus dem Himmel fiel. Er quittierte Darkness' Widerstandsfähigkeit mit einem anerkennenden Knurren und schwang dann sein Schwert mit einer Hand.

Die Magier standen da und staunten über Darkness' Durchhaltevermögen. Sie waren vor Schock ganz bleich ...

... doch als hätten sie endlich einen neuen Entschluss gefasst, nahmen sie ihre Beschwörungen wieder auf.

Ich spürte, dass mir etwas Warmes über die Wange lief. Ich wischte es mit der Hand weg, und es war ...

»Darkness! Du bist verletzt! Das reicht – du hast genug getan! Wir ziehen uns zurück und denken uns einen neuen Plan aus!«

Ich konnte sehen, dass Blut von ihren Wangen und aus den

Schnitten in ihrer Rüstung tropfte. Doch entgegen meiner Bitte zog sie sich nicht zurück. »Eine Paladin gibt nie ihren Posten auf, wenn Leben auf dem Spiel stehen!«, erklärte sie. »Das steht außer Frage. U... Und ...«

Sie wusste wirklich, wie man große Reden schwang. Und je weiter sie sich reinsteigerte, desto röter wurden ihre Wangen ...

»U... Und dieser Dullahan weiß, w... was er tut! Er will meine Rüstung Stück für Stück zerschlagen, bis nur noch ein Teil übrig ist. Er wird mich erniedrigen, indem er mich hier liegen lässt – nicht komplett entblößt – er wird mir so viel lassen, dass es die Fantasie aller Anwesenden anregt ...«

»Wie war das?« Beldia erstarrte bei Darkness' widerlicher Unterstellung.

Und während ich unauffällig meine eigene Magie vorbereitete, teilte auch ich gegen unsere hauseigene Perverse aus. Ich schätze, selbst in einer Situation wie dieser konnte ein echter Perversling einfach nicht aus seiner Haut. »Hey, hast du jemals gehört, dass es für alles die richtige Zeit und den richtigen Ort gibt? Du bist die perverseste Perverse, die je perversiert hat.«

Bei meinen Worten fing Darkness an zu zittern. »Irk! K... Kazuma! Das musst du gerade sagen! Ich hab hier alle Hände voll damit, von einem Dullahan in aller Öffentlichkeit vermöbelt zu werden! Wenn du jetzt auch noch anfängst, auf mich einzudreschen ... S... Stecken du und dieser Dullahan etwa unter einer Decke?!«

»*Waaas?!*«

»Als ob, du Perversling! *Wasser erschaffen!*«

Auf meinen Ruf hin erschien Wasser über den Köpfen der Kämpfer. Es kam so schnell herunter, als hätte ich einen Eimer über ihnen ausgeleert.

Darkness war von Kopf bis Fuß pitschnass. Und Beldia ... Beldia versuchte verzweifelt, dem Wasser zu entkommen.

...?

Wovor hat er solche Angst?

Die tropfnasse Darkness lief rot an und murmelte: »Ein Hinterhalt ... N... Nicht schlecht, Kazuma, gar nicht schlecht. Aber du solltest wirklich lernen, den richtigen Moment abzupassen ...«

»D... Das ist nicht irgendein krankes Spiel, du hohle Nuss! Sondern *das*! *Gefriere!*«

Ich sprach eine einfache Beschwörung, um das Wasser gefrieren zu lassen. Für sich allein hatte es keine große Wirkung. Aber auf nassem Untergrund ...

Beldia zuckte zusammen. »Oho! Du hast also meine Füße als kleine Behinderung eingefroren, ja?! Ich sehe, du denkst, ›Ausweichen‹ sei meine einzige Stärke. Wie falsch du doch liegst!«

Ich stürmte auf den eingefrorenen Dullahan zu, bereit, meinen eigentlichen Skill einzusetzen.

Ganz genau. Den, den ich bei Mitsurugi angewendet hatte. Meine mächtigste Waffe!

»Ich musste dich nur ausbremsen! Und jetzt gehört dein Schwert mir, Dullahan – *Stehlen!*«

Ich traf ihn mit meinem Skill, meiner Fähigkeit, ein willkürliches Objekt zu stehlen. Zauber und Skills waren allgegenwärtig in dieser Welt. Sie verbrauchten eher Mana, über das jeder verfügte, als Lebenspunkte.

Aqua hatte mir mal erzählt, dass es auch auf der Erde eine Menge Leute gegeben hatte, die Magie anwenden konnten. Wir hatten nur vergessen, wie.

Und indem man mehr Mana aufwandte, konnte man die Stärke seines Skills oder Zaubers genauso wie seine Erfolgsrate erhöhen.

Ich hatte es geschafft, Beldia im wahrsten Sinne des Wortes festzunageln. Ich hatte ihn genau da, wo ich ihn haben wollte, ein leichtes Ziel für meine ultimative Fähigkeit ...

»Nicht schlecht, Kleiner. Ich bin sicher, du warst fest überzeugt, dass das funktionieren würde. Aber ich bin immer noch der General des Dämonenkönigs. Denk nur an die Differenz zwischen unseren Leveln. Wenn du stärker wärst oder ich schwächer, wäre ich vielleicht in Schwierigkeiten geraten. Aber so ...«

Mein Skill hatte überhaupt keine Wirkung auf Beldia.

Er zeigte auf mich.

Oh, oh, das war gar nicht gut. Ich schätze, ich hätte ahnen sollen, dass »Stehlen« keine Wirkung auf einen General des Dämonenkönigs haben würde.

Bevor Beldia mich allerdings verfluchen konnte, ertönte ein Schrei: »Hände weg von meinem Freund!«

Darkness hatte ihre gewöhnliche Coolness abgelegt. Ihre Wut war nicht zu übersehen. Während sie schrie, warf sie ihr riesiges Schwert weg – eine Waffe, mit der sie ohnehin nichts treffen konnte – und stürzte sich in einem heftigen Tackle auf Beldia.

Auch wenn Beldia am Boden festgefroren war, wich er ihr mühelos aus und hatte sogar noch Zeit, sein Schwert neu zu packen.

Darkness hatte ihr eigenes Schwert weggeworfen, um diesen Tackle zu versuchen. Sie hatte nichts, um sich zu verteidigen.

»Diebe, helft mir! Die Chancen stehen vielleicht zehntausend zu eins, aber wenn auch nur einer von uns ihm das Schwert abnehmen kann, haben wir gewonnen! Jeder, der ›Stehlen‹ anwenden kann, zu mir!«

Vielleicht gab es *irgendjemanden*, der ein höheres Level oder mehr Glück hatte als ich.

Dank des »Verstecken«-Skills erschien ein Dieb nach dem anderen geräuschlos an meiner Seite. »*Stehlen!*«, riefen wir gemeinsam.

Aber keiner unserer Versuche zeigte Wirkung.

Beldia schien uns nicht einmal zu bemerken. Stattdessen ging er in Stellung, um der wehrlosen Darkness zu begegnen ... Und warf erneut seinen Kopf in die Luft.

»Oh nein!«

Ein kollektives Stöhnen erhob sich von den versammelten Abenteurern.

Wir alle wussten, wenn er den Kopf in die Luft warf, war das der Vorbote für seinen vernichtenden zweihändigen Hiebregen.

»Hrk!« Darkness gab ein leises Quieken von sich.

Nein, nein, nein, nein! Was sollte ich *tun*?!

Ich hatte keine besonderen Fähigkeiten, keine verborgenen Talente. Nichts, womit ich hätte angeben oder worauf ich hätte stolz sein können. Und ganz sicher keine Skills, die uns jetzt noch helfen konnten.

Alles, was ich hatte, war überdurchschnittliches Glück. Und Videogamewissen, das ich mein ganzes Leben über gesammelt hatte.

Es waren all die Tage, die ich damit verbracht hatte, Videogames zu spielen, statt etwas Produktives zu tun, die mich hierhergebracht hatten. Es war aufregend gewesen, mich in einer Fantasy-Welt wiederzufinden. Sollte ich jetzt einfach hilflos zusehen, wie das alles zerstört wurde?

»Darkness! Kazuma, Darkness ist ...«, konnte ich Megumin hinter mir schreien hören.

Denk nach! Denk an deine RPGs. Du hast es mit einem Dullahan zu tun. Was ist sein Schwachpunkt?

Wenn ich je etwas gehabt hatte, das man als Spezialfähigkeit bezeichnen könnte, dann war es, dass ich in Player-versus-Player-Duellen immer sofort wusste, welche Attacke oder welche Strategie meinen Gegner am meisten nerven würde.

Sieh ihn dir an. Beobachte ihn.

Warum hat er versucht, dem Wasser zu entkommen, das ich geschaffen habe?

...

Fließendes Wasser.

Hochrangige Untote und Vampire hatten eine Schwäche dagegen. Aber was war mit Dullahans?

»Ich habe das wirklich genossen, Paladin! Als ehemaliger Ritter danke ich den Göttern und dem Dämonenkönig, dass ich mich gegen dich beweisen konnte! Und nun ...«

Er wollte sie mit voller Stärke angreifen ...

»*Wasser erschaffen!*«

»...?!« Beldia erstarrte und kam nicht mehr dazu, Darkness anzugreifen. Er führte nicht einen Hieb mit seinem Schwert aus, sondern fing nur seinen Kopf, als er herunterfiel.

»Kazuma, ich versuche hier, ernsthaft zu kämpfen ...« Darkness war noch nasser als zuvor, und sie sah nicht glücklich darüber aus.

Unter anderen Umständen hätte ich mich entschuldigt. Aber nicht jetzt. Stattdessen brüllte ich: »Waaaasserrrrr!«

5

»Wasser erschaffen! Wasser erschaffen! Wasser erschaffen!«

»Hrrgh! Argh!«

Auf meine Anweisung fingen alle Magier auf dem Platz mit der Beschwörung an.

Doch selbst als sich eimerweise Wasser über seinem Kopf ergoss, schaffte es Beldia noch, unseren Schauern zu entgehen.

Verdammt! Endlich hatten wir seinen Schwachpunkt gefunden, und jetzt konnten wir ihn nicht treffen!

Ich konnte sehen, dass die anderen Magier müde wurden. Wenn es so weiterging, würden wir alle unser Mana verschossen haben, bevor wir Beldia auch nur mit einem einzigen Tropfen getroffen hatten.

Und da hörte ich es.

»Hey, was ist hier los? Warum veranstaltet ihr hier eine Wasserschlacht mit dem General des Dämonenkönigs? Da bin ich einmal ernsthaft am Arbeiten, und dann komme ich zurück und ihr spielt hier Spielchen? Was bist du eigentlich für ein Idiot, Kazuma?«

Manchmal könnte ich sie einfach prügeln.

Aqua war von wo auch immer sie hin verschwunden war wieder aufgetaucht und trottete mit ihrem lächerlichen Genörgel durch die Menge, während der Rest von uns verzweifelt Wassermagie heraufbeschwor.

»Wasser …! Seine Schwäche ist Wasser! Auch wenn du kaum qualifiziert bist und auf der untersten Stufe stehst, du bist *trotzdem* eine Wassergöttin, oder nicht?! Eine *Göttin*! Wenn auch eine entsetzlich dumme! Also, wie wäre es mit ein bisschen Wasser, verdammt noch mal?!«

»Irgendwann wartet noch mal die Rache der Götter auf dich, du undankbarer Kerl! Ich bin weder kaum qualifiziert noch unterste Stufe oder dumm – ich bin ein wahrhaft himmlisches Wesen! Wasser? Du willst Wasser? Ha! Ich könnte eine Flutwelle erzeugen, gegen die dein armseliges Getropfe einpacken kann! Aber erst musst du dich für alles entschuldigen, was du mir an den Kopf geworfen hast!«

Konnte sie das wirklich tun?

Warum tat sie es dann nicht endlich?!

»Ich entschuldige mich eine Million Mal, wenn du willst – später! Wenn du irgendwo eine Göttin in dir hast, lass sie raus, du Noob-Göttin!«

»Määääh! Wie kannst du mich Noob-Göttin nennen? Sieh gut hin! Ich zeig dir, was eine Göttin draufhat!«

Ich hatte den Köder ausgeworfen, und sie hatte ihn geschluckt.

Aqua trat vor. Ein Nebel wirbelte um sie herum.

Hm?

»Ihr armen Narren! Denkt ihr, eure kleinen Wolkenbrüche könnten mir je ... Hmm?« Beldia verstummte, als er Aqua erblickte.

So erwartet man das von einem General des Dämonenkönigs: Er musste ahnen, dass was immer Aqua vorhatte nichts Gutes für ihn bedeutete.

Andererseits sahen auch alle Magier sie unsicher an.

Aqua murmelte vor sich hin und war sich der Blicke, die man ihr zuwarf, nicht bewusst. »Oh, meine Anhänger in dieser Welt ...« Der Nebel um sie herum zog sich zu Wassertropfen zusammen. Ich konnte spüren, wie jeder von ihnen ein bisschen Magie aufnahm. »... Aqua, die Göttin des Wassers, befiehlt euch ...«

Ich hatte ein ungutes Gefühl bei der Sache. Es hatte damit zu tun, wie die Luft um uns alle herum zu vibrieren schien. Es erinnerte mich an das Gefühl in der Luft kurz bevor Megumin eine Explosion losließ.

Was bedeutete, dass Aqua etwas ähnlich Mächtiges und ebenso Gefährliches in petto hatte ...

Beldia hatte offensichtlich die gleiche böse Vorahnung wie ich. Ohne zu zögern, drehte er Aqua den Rücken zu und rannte davon.

Er erstarrte allerdings, als er erkannte, dass Darkness vor ihm stand.

Aqua legte ihre Hände zusammen. »*Heilige Wassererschaffung!*«

Und dann öffneten sich die Schleusen des Himmels.

6

Als Aqua von einer Flut gesprochen hatte, hatte sie nicht untertrieben.

»N... Nein! Halt!«

»Aaaagh! W... Waaassserrrr!«

Die Wellen brachen nicht nur über Beldia herein, sondern auch über Darkness und die anderen Abenteurer in der Nähe. Sie erreichten Megumin und mich und sogar Aqua, als sie ihre Beschwörung gerade beendet hatte.

»Hrgh! Grg ...! I... Ich ertrinke ...«

»Megumin! Megumiiin! Halt dich an mir fest! Sonst wirst du weggespült!«

Alle wurden von der Flutwelle erfasst. Die Wellen brachen sich am Stadttor mit einer gewaltigen Gischt und strömten dann in die Stadt.

Als sich das Wasser endlich wieder zurückzog, war der Boden übersät von umgerissenen Abenteurern und …

»Wa… – pff – Was habt ihr Spinner euch dabei gedacht?! I… Ihr Vollidioten! Ihr spinnenden Vollidioten!«

Beldia drückte sich unsicher vom Boden hoch.

Um ehrlich zu sein, musste ich ihm recht geben. Aber jetzt war nicht der richtige Moment dafür. Das war unsere beste Chance …

»Das ist unsere beste Chance, ihn zu vernichten! Meine beeindruckenden magischen Fähigkeiten haben ihn geschwächt … Jetzt, Kazuma! Erledige ihn! Schnell! Mach schon!«

Diese miese, nutzlose …

Ich nahm mir vor, sie so oft zu bestehlen, dass sie vor Peinlichkeit vor versammelter Mannschaft heulend zusammenbrechen würde. Aber das musste warten. Jetzt streckte ich meine Hand Beldia entgegen. »Dieses Mal gehört deine Waffe wirklich mir! Nimm *das*!«

»Tu, was du nicht lassen kannst! Selbst in meinem geschwächten Zustand erliege ich nicht der ›Stehlen‹-Technik eines blutigen Anfängers!« Während er noch brüllte, warf er seinen Kopf in die Luft, packte sein Schwert mit beiden Händen und warf sich in seine bedrohlichste Pose.

Bis zum bitteren Ende war er der General des Dämonenkönigs. Wir hatten ihn an seinem Schwachpunkt getroffen, und doch war ich es, dem die Knie schlotterten.

Er mochte ein General sein, aber er war auch mein Ziel.

»*Stehlen!*«

Ich legte jedes Quäntchen Kraft in meine Technik. Sofort spürte ich etwas Hartes und Kaltes, ein solides Gewicht erschien in meiner Hand.

Ich hab's geschafft!, dachte ich. Doch natürlich löste allein dieser Gedanke ein weiteres Bonusevent aus.

»Oh ...« Die Abenteurer um mich herum stöhnten kollektiv auf vor Verzweiflung.

Ich sah Beldia an. Er hielt sein Schwert immer noch in der Hand.

Ich wappnete mich für seinen brutalen Angriff ...

... aber er blieb aus. Er stand einfach nur da.

...?

Stille legte sich über die verwirrte Menge.

Dann hörten wir eine Stimme, leise und verängstigt. »Äh ... Ähm ...«

Es war Beldias Stimme. Und sie zitterte.

»Könnte ich ... könnte ich bitte meinen Kopf wiederhaben?«

Die Stimme kam von dem Gewicht in meinen Händen.

...

»Hey, Leute!«, rief ich. »Habt ihr schon mal von Fußball gehört? Das ist ein Spiel, bei dem man den Ball nur mit dem Fuß bewegen darf.«

Ich trat Beldias Kopf in Richtung der Abenteurer.

»Aaaargh! H... Hey, aufhören!«

Schnell war der rollende Kopf für die Männer und Frauen, die eben noch vor ihm gezittert hatten, nichts weiter als ein Spielzeug.

»Ha ha ha ha! Ich mag dieses Spiel!«

»Hey, hierher! Pass zu mir!«

»Aaagh! Aufhören! Das tut weh! Nicht!«

Der Körper des Dullahan, nun vollkommen blind, stand wie benommen mit seinem Schwert in der Hand da.

»Hey, Darkness! Du wolltest ihm doch eine verpassen, oder?«

Ich hob das Schwert auf, das sie weggeworfen hatte, und brachte es zu ihr. Sie war immer noch pitschnass, atmete schwer und blutete aus mehreren Wunden. Sie nahm das Schwert und ging vor Beldias Körper in Stellung.

Ich winkte Aqua, sich uns anzuschließen. Im Gehen wrang sie immer noch ihren Federmantel aus.

Darkness hob ihr Schwert. »Das ist für all meine Lieben, die du getötet hast! Ein Schlag – für sie alle!« Sie schlug hart zu.

»Graaaaghh!«

Ich konnte Beldias gedämpften Schrei aus der Meute der Jungfußballer hören.

Darkness mochte nicht sehr treffsicher sein, aber sie war sehr stark. Beldias schwarzer Brustpanzer brach auf.

Ich erinnerte mich, dass Beldia etwas davon gesagt hatte, dass die Rüstung vom Dämonenkönig persönlich gesegnet worden sei.

»Okay, Aqua, du kümmerst dich um den Rest.«

»Wird erledigt!«

Beldias Rüstung war zerstört, die Flut hatte ihn geschwächt. Aqua streckte ihre Hand aus. »*Heiliger Untotenerlöser!*«

»H... Hal... aaarrrrgghhh!«

Wir hörten Beldias Brüllen, irgendwo am Fuß eines Abenteurers.

Dieses Mal funktionierte es. Ein weißes Licht umhüllte Beldias Körper, und langsam lösten sich das Licht und der Körper auf und verschwanden.

Auch der Kopf verschwand, was den Abenteurern ein enttäuschtes Stöhnen entlockte, denen es offensichtlich Spaß gemacht hatte, Fußball zu lernen.

Und so erledigten wir den General des Dämonenkönigs. Wir erfuhren allerdings nie, warum er überhaupt in diese Gegend gekommen war ...

7

Um uns herum schwollen die Triumphschreie der Menge an. Darkness, mit all ihren Wunden, ging an der Stelle, wo der Dullahan gestanden hatte, auf ein Knie und schloss ihre Augen, als wolle sie beten.

Zögerlich fragte Megumin: »Was tust du da, Darkness?«

Sie antwortete, ohne die Augen zu öffnen, als würde sie mit sich selbst reden. »Ich bete. Dullahans sind ehemalige Ritter, in den Untod getrieben durch ihre Wut, als sie ungerechtfertigt hingerichtet wurden. Ich bezweifle, dass er ein Monster werden wollte. Ich weiß, wir waren Feinde, aber er verdient wenigstens ein Gebet …«

»Verstehe …«, meinte Megumin.

Doch Darkness fuhr fort: »Da war Sedol, der das lächerliche Gerücht verbreitet hat, dass ich unter der Rüstung superdicke Muskeln hätte, weil er sauer war, dass ich ihn im Armdrücken geschlagen hatte. Haines, der sich an heißen Tagen immer über mich lustig gemacht hat: ›Hey, Darkness, warum fächerst du mir mit deinem riesigen Schwert nicht ein bisschen Luft zu? Keine Sorge – ich hab keine Angst, dass du mich damit triffst!‹ Garil, der wissen wollte, warum ich mich einer Horde Monster entgegenwarf, obwohl ich erst einen Tag in seiner Party war. Der Dullahan hat sie alle getötet. Wenn ich darüber nachdenke, waren sie eine Bande Taugenichtse. Trotzdem … kann ich mich nicht dazu bringen, sie zu hassen.«

»Ähm … ver… verstehe«, sagte Megumin. »W… Weißt du was? Ich hör mir die ganze Geschichte in der Gildenhalle an. Sollen wir zurückgehen?«

Darkness schien Megumins hastigen Versuch, das Thema zu wechseln, gar nicht zu hören. Mit immer noch geschlossenen

Augen murmelte sie sanft: »Ich wünschte, ich könnte sie wiedersehen ... Ich wünschte, wir könnten nur noch einmal anstoßen ...«

»W... Wow ...«

Hinter ihr erklang ein Chor verwirrter Stimmen. Darkness erschrak. Drei verschämte Kerle standen hinter ihr – die drei, die Beldia niedergestreckt hatte.

Schließlich sagte einer von ihnen entschuldigend: »H... Hey, ich ... ich möchte mich entschuldigen. Für eine Menge Dinge. Wir wussten nicht, dass du ... so empfindest ...«

»J... Ja, mir tut's auch leid. Nur weil ich beim Armdrücken verloren hab, hätte ich nicht diese Gerüchte verbreiten sollen. Weißt du was? Die nächste Runde geht auf mich.«

»Ich ... ich wusste nicht, dass es dir peinlich ist, dass du nie was triffst. Mit tut's auch leid.«

Darkness kniete immer noch und hatte die Augen geschlossen, aber als die Männer sich einer nach dem anderen entschuldigten, wurden ihre Wangen röter und röter.

Und dann musste Aqua natürlich den Moment ruinieren. »Was sagst du dazu, Darkness? Wenn man so mächtig ist wie ich, kann einen so was Nebensächliches wie der Tod nicht aufhalten! Bist du nicht glücklich? Jetzt kannst du mit deinen Freunden einen trinken!«

Ich glaube nicht, dass sie auch nur das geringste Gespür dafür hatte, dass sie gerade einen mächtigen Fehler begangen hatte.

Darkness dagegen, die erkannte, dass die Männer alles gehört hatten, was sie gesagt hatte, verbarg ihr hochrotes Gesicht hinter ihren Händen und fing an zu weinen.

»Hey, hey«, meinte ich so fröhlich ich konnte. »Das ist doch toll! Lasst uns was trinken gehen!«

Durch ihre Finger murmelte Darkness: »Bitte töte mich ...«

»Ach, komm schon«, sagte ich. »Du liebst es doch, wenn Leute dich erniedrigen! Genieß es doch einfach – ich könnte den ganzen Tag so weitermachen!«

Mit hängenden Schultern knurrte sie: »Diese Art von Erniedrigung will ich nicht!«

Epilog

Es war der Tag nachdem wir Beldia besiegt hatten. Ich war allein auf dem Weg zur Gildenhalle und dachte darüber nach, wie es jetzt weitergehen sollte. Ich war damit beauftragt, den Dämonenkönig zu vernichten. Aber das bedeutete, dass Beldia nur der erste in einer Reihe schwerer Gegner war, denen ich mich würde stellen müssen.

Und wenn ich den Dämonenkönig besiegte, hatte ich einen Wunsch frei.

Oder ich könnte die ganze Sache einfach aufgeben und versuchen, in dieser Fantasy-Welt ein ruhiges, bequemes Leben zu leben.

Die Antwort war offensichtlich …

Ich war ein schwaches Mitglied einer schwachen Klasse. Ich hatte die letzte Schlacht im wahrsten Sinne des Wortes durch pures Glück gewonnen, und ich konnte nicht noch mal auf so eine glückliche Wendung hoffen. Das Richtige wäre, in Frieden zu leben und allen Gefahren aus dem Weg zu gehen.

Ich könnte mein Wissen aus Japan nutzen, um verkäufliche Waren herzustellen. Ich hätte einen guten, sicheren Job. Vielleicht könnte ich hin und wieder ein paar Quests bestreiten, um nicht einzurosten.

In diese Gedanken war ich vertieft, als ich an der Gildenhalle ankam. Ein Übelkeit erregender Geruch schlug mir entgegen, als ich die Tür öffnete – eine süßliche Mischung aus Schweiß und Alkohol.

Viele der Abenteurer saßen schon seit dem Mittag in der Bar und feierten den Sieg über den General des Dämonenkönigs.

»Oh, hey, Kazuma, du bist spät dran!«, rief mir Aqua fröhlich entgegen, als ich eintrat. »Die Party ist schon in vollem Gang! Hol dir deine Kohle ab – fast alle anderen haben ihre Belohnung für die Vernichtung des Dullahan schon eingestrichen. Inklusive mir natürlich! Man sieht allerdings, wie viel davon sie schon versoffen haben.«

Ich verstand nicht, warum sie so selbstzufrieden war, bis sie ihre Geldbörse öffnete und mir zeigte, wie viel sie mit der Belohnung verdient hatte. Sie lachte nur und kratzte sich am Kopf und schien eine wirklich gute Zeit zu haben.

Aber *wer* genau hatte seine Belohnung schon versoffen? Und ab welchem Alter durfte man in dieser Welt eigentlich Alkohol trinken?

Die meisten Abenteurer in der Gildenhalle waren so hackedicht, dass sie kaum laufen konnten. Auf dem Weg zum Schalter musste ich mich zwischen den Betrunkenen durchschlängeln.

Darkness und Megumin waren bereits dort.

»Ach, Kazuma, da bist du ja. Hol dir deine Belohnung.«

»Wir haben auf dich gewartet, Kazuma. Weißt du, Darkness ist voll gemein zu mir. Sie sagt, ich sei zu jung zum Trinken.«

»Was soll das h... heißen?! Das hab ich nicht ...«

Ich überließ die beiden ihren Zankereien und ging zum Schalter, wo die Empfangsdame schon auf mich wartete. Ich kannte sie inzwischen. Wann immer sie mich sah, setzte sie eine undurchschaubare Miene auf.

»Ah ... Kazuma Sato, richtig? Wir haben Sie schon erwartet.«

Ach ja? Irgendwas an der Art, wie sie sprach, gefiel mir nicht.

»Ähem ... erst mal für Sie beide ...«

Sie reichte einen kleinen Beutel an Darkness und den anderen an Megumin.

Hey, und wo ist mein Beutel?

Aber noch bevor ich nachfragen konnte, meinte die Empfangsdame: »Äh ... ähm ... Auf Ihre Party wartet eine besondere Belohnung.«

Wie jetzt?!

»Warum nur für uns?«

Ich hatte die Frage noch gar nicht zu Ende gestellt, da rief jemand: »Na, weil ihr die großen Helden seid! Ohne euch hätte uns der Dullahan fertiggemacht!« Ein Chor betrunkener Zustimmungen ertönte.

Wow ... Diese Leute ...

Ich hatte mich so lange in dieser Welt abgerackert, dass ich gar nicht erkannt hatte, wie gut sie einen behandeln konnte.

Im Namen von uns vieren nahm ich die Belohnung entgegen.

Die Empfangsdame räusperte sich und begann: »Ähem! Kazuma Sato und seine Party erhalten hiermit für ihre Dienste, die im Kampf gegen Beldia, den General des Dämonenkönigs, weit über die üblichen Pflichten hinausgegangen sind, eine Belohnung von dreihundert Millionen Eris!«

»D... Drei...?!« Uns allen blieb die Spucke weg.

Im gesamten Raum war es still geworden.

»Hey, Herr Millionär! Wie wär's, wenn du 'ne Runde schmeißt?!«

»Oh, Kazuma, lieber Kazuma! Willst du mir nicht was besorgen, um meine Kehle anzufeuchten?«

Ein Abenteurer nach dem anderen bettelte um einen Drink.

Dabei fiel mir ein ...

»Hey, Darkness, Megumin! Ich hab überlegt, unsere Abenteuer ein bisschen zurückzuschrauben. Mit diesem Geldsegen würde ich mir gern ein friedliches, *sicheres* Leben aufbauen.«

»W... Warte mal! Aber das hieße ja, keine mächtigen Gegner mehr! Was soll ich denn dann machen? Und was ist überhaupt daraus geworden, den Dämonenkönig zu vernichten?!«

»Ich muss auch Einspruch erheben! Ich bin eurer Party beigetreten, um den Dämonenkönig zu besiegen und der weltgrößte Magier zu werden!«

Fast hätte der Lärm in der Gildenhalle ihre aufgebrachten Beschwerden übertönt.

Mit einem entschuldigenden Blick reichte mir die Empfangsdame einen Zettel. Darauf standen schrecklich viele Nullen.

War dieser Zettel die Entsprechung eines Schecks in dieser Welt?

Aqua kam gut gelaunt an meine Seite geschwankt und blickte auf den Zettel.

»Ähem, Kazuma ... Aqua ... das Wasser, das Sie beschworen haben, hat ein paar Gebäude am Stadttor weggespült und erhebliche Flutschäden angerichtet und, na ja ... Sie haben erfolgreich den General des Dämonenkönigs geschlagen, und niemand erwartet, dass Sie für den gesamten Schaden aufkommen, aber man hätte doch gern, dass Sie ... zumindest einen Teil zahlen ...«

Mit diesen Worten wandte sich die Empfangsdame von uns ab und verschwand im Hinterzimmer.

Megumin blickte auf den Zettel in meiner Hand und machte die Biege. Aqua konnte ich gerade noch am Kragen packen, bevor auch sie sich aus dem Staub machen konnte.

All die anderen Abenteurer, die anhand unserer Gesichter die Höhe der Rechnung schon erahnen konnten, waren plötzlich ganz dringend mit anderen Dingen beschäftigt.

Darkness tippte mit den Fingern auf meine Schulter, während sie die Zahlen überschlug: »Eine Belohnung von dreihundert Millionen Eris … abzüglich dreihundertvierzig Millionen Schadenersatz … Kazuma, ich glaube, für die morgige Quest sollten wir besser einen sehr starken und sehr *profitablen* Gegner finden.« Ein Grinsen breitete sich auf ihrem Gesicht aus, als sie darüber nachdachte.

Würde ich den Rest meines Lebens in dieser verrückten Welt mit diesen nutzlosen Party-Mitgliedern verbringen müssen?

Ich schloss meine Augen, atmete tief durch und fasste den Entschluss, den Dämonenkönig zu vernichten.

Ich musste *raus* aus dieser furchtbaren Welt!

ENDE

Nachwort

Erst mal, danke, dass ihr dieses Buch gekauft habt. Zweitens, freut mich, euch kennenzulernen. Ich bin Natsume Akatsuki.

Konosuba entstand ursprünglich auf einer Website mit dem Namen Shosetsuka ni naro (Ich werde Autor!), bevor *Sneaker Bunko* mich mit dem Vorschlag kontaktierte, ein richtiges Buch daraus zu machen.

Ich kann gar nicht sagen, wie dankbar ich bin.

Weil das Buch ursprünglich im Web entstanden ist, haben einige meiner Leser sicher schon eine Ahnung, wo die Geschichte hinlaufen wird. Das macht es schwierig für mich als Autor – schließlich will ich die Erwartungen meiner Leser übertreffen. Es ist also sehr wahrscheinlich, dass sich die Geschichte anders entwickeln wird als im Netz. (Schon in diesem Band gibt es zahllose solcher Änderungen.)

Wenn ihr also denkt, ihr wisst, was passiert, passt gut auf! Ihr lest so vor euch hin und dann, eines Tages, *bämm!* Kazuma kocht gerade Kaffee über einem Feuer, es gibt eine Explosion und er stirbt! Im nächsten Band geht es mit einer neuen Hauptfigur weiter. Genau so verrücktes Zeug könnte in der Buchausgabe passieren. (Damit das klar ist: Das wird natürlich nicht passieren.)

Lasst mich noch ein paar Worte zur Geschichte selbst sagen. Dies sind nicht die Abenteuer eines coolen, alles könnenden Helden. Es ist auch nicht die Erzählung eines Jungen, der Superkräfte erlangt und dann nach vielen Prüfungen und Entbehrungen sein Ziel erreicht.

Nein, die Hauptfigur dieses Buchs ist ein Typ, der vielleicht jemandem helfen würde, wenn er merkt, dass derjenige ein Problem hat – je nachdem, wie die Umstände gerade sind und wie er an dem Tag drauf ist. Ein Typ, der nicht immer alles richtig macht, eine süße Freundin will und der einfach gar nichts Produktives mehr tun würde, wenn er plötzlich reich würde.

Mit so jemandem haben wir es hier zu tun. Jemand Durchschnittlichem. Menschlichem. Eine Figur, die versucht, mit der ungerechten Realität einer harten Welt zurechtzukommen, während sie gleichzeitig damit ringt, der Anführer einer Gruppe von Heldinnen zu sein, von denen jede ihre ganz eigene Persönlichkeit mitbringt.

Er ist nichts Besonderes – er ist nicht der Auserwählte oder so was. Er hat keine verborgenen Kräfte oder so was. Er hat vielleicht ein bisschen mehr Glück als andere, das ist aber auch alles.

Ob er kämpft oder flieht, mit jedem großen, bösen Gegner lernt er eine Lektion fürs Leben.

Wenn ich darüber nachdenke, eigentlich lernt er gar nicht so viel. Schließlich ändern sich Menschen nicht so einfach. Aber ich bin sicher, dass er sich bis zum Ende der Geschichte bewiesen haben wird, denkt ihr nicht auch?

Aber kommen wir wieder zurück zum eigentlichen Punkt dieses Nachworts.

Danke an die Redakteure, Korrekturleser, Vertriebler und Designer bei *Sneaker Bunko.*

Danke an Kurone Mishima für seine wundervollen Illustrationen und auch an meinen Redakteur K, der eine Menge Geduld hatte mit einem Autor, der seine rechte Hand nicht von der linken unterscheiden kann. Dieses Buch existiert wegen deiner unermüdlichen Unterstützung und deiner Weigerung, einen außergewöhnlich schwierigen Autor aufzugeben.

Vielen, vielen Dank euch allen!

Ich weiß nicht, was ich sagen soll, um euch für eure großartige Hilfe bei der Entstehung dieses Buchs zu danken, außer dass ich hart arbeiten werde, um das nächste noch besser zu machen. Besser zu schreiben, ist vielleicht die einzige Art, wie ich euch etwas zurückgeben kann.

Und zu guter Letzt ...

Danke an alle, die diese Geschichte im Netz gelesen haben und mich ermutigt und unterstützt haben.

Und noch mehr danke ich allen, die dieses Buch gekauft haben, als sie was zu lesen brauchten. Ich bin euch zutiefst dankbar.

Natsume Akatsuki

Kazumaaa …
Aqua ist vielleicht eine Göttin, aber sie wirkt so gar nicht heilig. Sie will einfach, was sie will … und sie ist so niedlich. Ich will der axistischen Religion beitreten.
Oktober 2013

Nächstes Mal

Du warst auf dem Cover von Band 1, Aqua. Das bedeutet, nächstes Mal bin ich dran!

Wovon redest du, du dummes Gör? Pffft … ha ha ha! Ich bin eine Göttin und die unbestrittene Heldin dieser Geschichte! Ich werde auf jedem Cover sein! Und dann werden wir in kürzester Zeit hundert Millionen Bücher verkaufen!

Ach, du bist doch nur 'ne neidische alte Schachtel!

A… Alte Schachtel?! Määääh! Kazumaaa! Megumin ist gemein zu mir!

Hey! Macht 'ne vernünftige Vorschau!

Darf ich? In Band 2 werde ich von einem mächtigen Gegner verprügelt, und Kazuma fällt einem Betrug zum Opfer!

Hast du gerade Betrug gesagt?

Nein …

Leute, konzentriert euch! Der nächste Band!

?

Ich trete in Band 2 auf!

WER BIST DU?!

Als wüsstest du das nicht, Aqua!

?

…

KONOSUBA!

GOD'S BLESSING ON THIS WONDERFUL WORLD

Liebe, Magierinnen & anderer Wahnsinn!

Bald erhältlich!

Autor: Natsume Akatsuki

Stammt aus der Präfektur Fukui. Zeigte von Kindheit an ein seltenes Talent für Games, war aber nicht unbedingt ein Wunderkind und wuchs ungestört zu einem Einsiedlerkrebs heran. Behauptete einen starken Willen nicht zu arbeiten, und floh vor der Realität, indem er Tag und Nacht für die Fiction-Webseite »Shôsetsuka ni narô« schrieb, wodurch er Bekanntheit erlangte.

Illustration: Kurone Mishima

Schön, Sie zu sehen! Mein Name ist Kurone Mishima. Weil ich RPG total mag, beneide ich Kazuma-kun ... Aber dass er aus Angst davor, von einem Traktor überfahren zu werden, gestorben sein soll ... (lol) Ups, sorry. Ich werde mein Bestes geben, alles niedlich zu zeichnen!

TOKYOPOP GmbH
Hamburg

TOKYOPOP
1. Auflage, 2021
Deutsche Ausgabe/German Edition

Übersetzt von Katrin Aust

KONO SUBARASHII SEKAI NI SHUKUFUKUWO! Vol. 1

First published in Japan in 2013 by KADOKAWA CORPORATION, Tokyo.
German translation rights arranged with KADOKAWA CORPORATION, Tokyo through TUTTLE-MORI AGENCY, INC., Tokyo.
Coverillustration: Kurone Mishima
Coverdesign: Yuko Mukadeya + Nanafushi Nakamura (musicagographics)

Redaktion: Markus Rohde
Lektorat: Kerstin Feuersänger
Lettering und Herstellung: Mathias Neumeyer
Umschlaggestaltung: Anja Winteroll, Annika-Meyer Wülfing
Druck und buchbinderische Verarbeitung:
CPI–Clausen & Bosse GmbH, Leck
Printed in Germany

MIX Papier FSC® C083411

Wir achten auf die Umwelt.
Dieses Produkt besteht aus FSC®-zertifizierten und anderen kontrollierten Materialien.

ISBN 978-3-8420-7056-1

www.tokyopop.de